ARD-Ratgeber Recht
Herausgeber: Dr. Frank Bräutigam

ERBENGEMEINSCHAFT

Meine Rechte als Miterbe

SWR verbraucherzentrale

Eine Produktion des Südwestrundfunks in Zusammenarbeit mit den Verbraucherzentralen

Nur 20 % der Deutschen bestimmen selbst, wer im Todesfall ihr Vermögen erhält. In den meisten Fällen tritt die gesetzliche Erbfolge ein. Das bedeutet in aller Regel, dass mehrere Verwandte und ggf. der Ehegatte oder Lebenspartner des Erblassers gemeinsam erben. Die Aufgabe der Erbengemeinschaft ist es, den Nachlass untereinander aufzuteilen und ihn bis zur Teilungsreife gemeinschaftlich zu verwalten. Was sich in der Theorie einfach anhört, kann in der Praxis viel Zeit und Nerven kosten, denn über viele Fragen müssen die Miterben gemeinsam entscheiden, selbst wenn sie sich nicht leiden können, seit Jahren nicht miteinander gesprochen haben oder einzelne Erben ihrer Mitwirkungspflicht nicht nachkommen. Die Probleme verschärfen sich noch, wenn manche Erben sich gegenüber anderen benachteiligt fühlen, die einen mehr über den Nachlass wissen als andere und man eine unterschiedliche Meinung darüber hat, was mit einzelnen Nachlassgegenständen geschehen soll und wer sie bis zur Nachlassteilung zu welchen Konditionen nutzen darf.

Das vorliegende Buch greift typische Konfliktsituationen innerhalb der Erbengemeinschaft auf und informiert Sie in erster Linie über die rechtlichen Regeln, die bei der Verwaltung und Auseinandersetzung des Nachlasses zu beachten sind. Als Miterbe erfahren Sie einerseits, welche Rechte Sie haben und wie Sie diese durchsetzen, andererseits, wann es für alle Beteiligten das Beste ist, zu einvernehmlichen Lösungen zu finden. Erläutert werden die Probleme anhand eines typischen Falles aus der Praxis, der Sie durch das gesamte Buch begleitet und zu einer lebensnahen Darstellung der zuweilen nicht ganz einfachen Rechtsmaterie beiträgt. Zahlreiche Tipps ergänzen die Ausführungen. Erblassern bietet der Ratgeber Anregungen, wie sie Konflikte unter den Erben vermeiden können.

Rechtsanwalt **Günther Dingeldein** ist Fachanwalt für Arbeitsrecht, Erbrecht und Familienrecht. **Martin Wahlers** ist Fachanwalt für Erbrecht, Familienrecht und Versicherungsrecht. Ihre Kanzlei liegt in Bickenbach, Hessen.

Günther Dingeldein, Martin Wahlers

ERBENGEMEINSCHAFT

Meine Rechte als Miterbe

Beispiel

Vorsicht, Risiko!

Tipp, Ratschlag

Wichtig

Checkliste

Muster, Vorlage

Rechtslage

Bibliografische Information der Deutschen Bibliothek
Die Deutsche Bibliothek verzeichnet diese Publikation in der Deutschen Nationalbibliografie; detaillierte bibliografische Daten sind im Internet über http://dnb.ddb.de abrufbar.

1. Auflage 2013

Printed in Germany.
ISBN 978-3-86336-615-5

LIEBE LESERIN, LIEBER LESER, UND NATÜRLICH AUCH: LIEBE ZUSCHAUERIN, LIEBER ZUSCHAUER DES ARD-RATGEBER RECHT,

das Recht gilt gemeinhin als eine trockene und komplizierte Angelegenheit. Da ist durchaus etwas dran. Trotzdem lautet meine Erfahrung und meine Überzeugung: Hinter jedem schwierigen Paragrafen, hinter jedem Urteil im Juristendeutsch der Gerichte verbergen sich fast immer die Geschichten, Probleme und Schicksale von Menschen – und zwar von Ihnen, liebe Leserinnen und Leser, liebes Publikum. Die schwierigen Paragrafen und ihre Folgen zu erklären, gleichzeitig aber die Geschichten der Menschen dahinter nicht zu vergessen, das ist das erklärte Ziel unserer Sendung „ARD-Ratgeber Recht".

Wohl kaum eine Redaktion im deutschen Fernsehen bekommt so viel Zuschauerpost mit konkreten „Hilferufen". Sie schildern uns Ihre Fälle und bitten uns in Briefen und E-Mails oft um Unterstützung. Dieses Vertrauen in unsere Arbeit ehrt uns sehr, und Ihre Probleme und Fragen sind uns ein wichtiges Anliegen. Allerdings müssen wir Ihnen oft auch antworten, dass wir Ihnen eine konkrete Rechtsberatung im Einzelfall leider nicht geben können und dürfen. Wir haben einen Programmauftrag, der darin besteht, rechtliche Fragen allgemein und leicht verständlich im Fernsehen aufzuarbeiten. Dafür nehmen wir dann gern Ihre konkreten Fälle als Beispiele und sind deshalb weiterhin für jede Zuschrift dankbar. Alles Weitere aber übersteigt in der Regel unsere Möglichkeiten – mit einer Ausnahme: der traditionsreichen Buchreihe zum ARD-Ratgeber Recht.

Damit können wir Ihnen – immer anknüpfend an die Themen unserer Sendungen – umfangreichere Informationen an die Hand geben; mehr, als wir im Fernsehen leisten können. Das Ziel der Reihe ist es, verständliche und erschwingliche Bücher zu den juristischen Themen der Sendung ARD-Ratgeber Recht anzubieten. Unsere erfahrenen Autoren wollen Sie im juristischen Alltagsdschungel an die Hand nehmen und Ihnen Orientierung bieten – mit gut verständlichen Erklärungen, einem klaren Aufbau und einem modernen Design. Hinzu kommen Musterbriefe, Tipps und viele Ratschläge.

Betreut wird die Buchreihe – wie auch die Sendung ARD-Ratgeber Recht – von der ARD-Rechtsredaktion des Südwestrundfunks (SWR) in Karlsruhe, der „Residenz des Rechts". Von dort aus produzieren wir den ARD-Ratgeber Recht und berichten darüber hinaus in den Nachrichtensendungen von ARD und SWR über „alles, was Recht ist". Ich würde mich freuen, wenn Sie diese Buchreihe wie unsere Arbeit auf dem Bildschirm weiterhin so freundlich und kritisch begleiten und uns die Treue halten!

Eine aufschlussreiche und angenehme Lektüre wünscht Ihnen

Dr. Frank Bräutigam,
Leiter der ARD-Rechtsredaktion, Karlsruhe

VORWORT

Eine Erbengemeinschaft entsteht, wenn ein Erblasser mehrere Erben hinterlässt – sei es, weil er selbst es so wollte, sei es, weil das Gesetz es so bestimmt hat. Da sich die Mitglieder der Erbengemeinschaft einander nicht aussuchen können, handelt es sich um eine Zwangsgemeinschaft. Ihr Zweck ist die Sicherung des Nachlasses und dessen komplette Verteilung unter den Miterben, die sogenannte Auseinandersetzung. Hierauf liegt das Hauptaugenmerk des Gesetzgebers. Die Regeln, wie der Nachlass bis zu seiner Aufteilung zu verwalten ist, sind dagegen zahlenmäßig sehr überschaubar, unklar formuliert und wenig praktikabel. Grundsätzlich müssen nämlich alle Entscheidungen – wirtschaftlich wichtige ebenso wie wirtschaftlich belanglose – gemeinschaftlich getroffen werden. Je mehr Miterben es gibt, desto schwieriger wird also die Verwaltung, insbesondere wenn sich unter den Erben ein oder mehrere Querulanten befinden.

Wir wollen Ihnen nachfolgend die rechtlichen Regeln rund um die Erbengemeinschaft verständlich erläutern, Ihnen helfen, Ihre Ansprüche zu erkennen und Möglichkeiten aufzeigen, wie Sie diese durchsetzen können. Als Miterbe erfahren Sie nicht nur, wie die Nachlassauseinandersetzung funktioniert, sondern auch, wann Sie sich mit den anderen Erben über die Verwaltung des Nachlasses einigen müssen und wann Sie Druck ausüben können. Womöglich werden Sie erkennen, dass es besser für Sie ist, wenn Sie sich rechtzeitig durch Ausschlagung oder später durch Abschichtung oder Erbteilsverkauf aus einer unübersichtlichen oder zerstrittenen Erbengemeinschaft lösen.

Dieses Buch richtet sich aber nicht nur an Erben. Es soll Ihnen auch als Erblasser eine Hilfe sein, indem es aufzeigt, welche Schwierigkeiten Ihr Nachlass den Erben bescheren kann, und wie Sie im Idealfall Streit verhindern können, indem Sie durch eine letztwillige Verfügung auf die spätere Auseinandersetzung Einfluss nehmen.

Um die Lesbarkeit zu verbessern, verzichten wir auf den Abdruck der einschlägigen Paragrafen. Diese können Sie kostenlos im Internet unter www.gesetze-im-internet.de abrufen.

Bickenbach, im August 2013

Günter Dingeldein
Martin Wahlers

INHALT

01 EINFÜHRUNG

02 DIE ERBENGEMEINSCHAFT

03 VERFÜGUNG ÜBER DEN MITERBENANTEIL

04 DIE VERWALTUNG DES NACHLASSES

05 DIE AUSEINANDERSETZUNG DER MITERBEN-GEMEINSCHAFT

06 ANHANG

01

EINFÜHRUNG

Anhand eines Grundfalls werden wir zunächst auf verschiedene Fragen hinweisen, mit denen Miterben konfrontiert sein können. In den folgenden Kapiteln kommen wir immer wieder auf diesen Fall zurück, wandeln ihn ab oder ergänzen ihn. Darüber hinaus klären wir einige grundlegende erbrechtliche Begriffe, damit Sie die Ausführungen in den folgenden Kapiteln besser verstehen.

GRUNDFALL

Als Alexander mit 75 Jahren stirbt, hinterlässt er Anne, mit der er 40 Jahre verheiratet war, sowie die gemeinsamen Kinder Nina und David. Nina hat ihre Eltern in den vergangenen Jahren unterstützt und gepflegt. Sie ist nie von zu Hause ausgezogen, sondern hat sich eine kleine Einliegerwohnung im Haus ihrer Eltern ausgebaut und einiges in das Haus investiert, weil sie darauf hoffte, es einmal übernehmen zu können. David missgönnt ihr das gute Verhältnis zu Alexander und Anne und ist insgeheim der Meinung, dass sie in der Vergangenheit zu gut weggekommen ist.

Aufgrund eines von Alexander und Anne handschriftlich errichteten gemeinschaftlichen Testaments werden Anne, David und Nina jeweils zu einem Drittel die Erben von Alexander.

Das Haus, in dem Alexander bis zu seinem Tod gemeinsam mit Anne gelebt hat, hatte er in jungen Jahren gemeinsam mit seiner ersten Ehefrau Helena gebaut. Sie waren damals frisch verheiratet, wünschten sich in absehbarer Zeit Kinder und wollten deshalb aus ihrer kleinen Wohnung raus. Aufgrund des guten Einkommens von Alexander mussten sie das Haus nur in geringem Umfang über Darlehen finanzieren.

Ein Jahr nach Fertigstellung des Hauses starb Helena an einer Medikamentenvergiftung. Ihre Eltern lebten zu diesem Zeitpunkt nicht mehr. Sie hinterließ aber zwei Geschwister: Oliver und Vera. Über die Errichtung eines Testaments hatten Alexander und Helena noch nicht nachgedacht.

Seine zweite Ehefrau Anne heiratete Alexander ein paar Jahre nach Helenas Tod.

Als Alexander stirbt, lebt Oliver noch. Vera hingegen ist einige Jahre zuvor aus Gram über ihre Scheidung gestorben. Sie hinterließ damals vier Kinder aus ihrer geschiedenen Ehe, von denen eines in den USA lebt.

Stammbaum

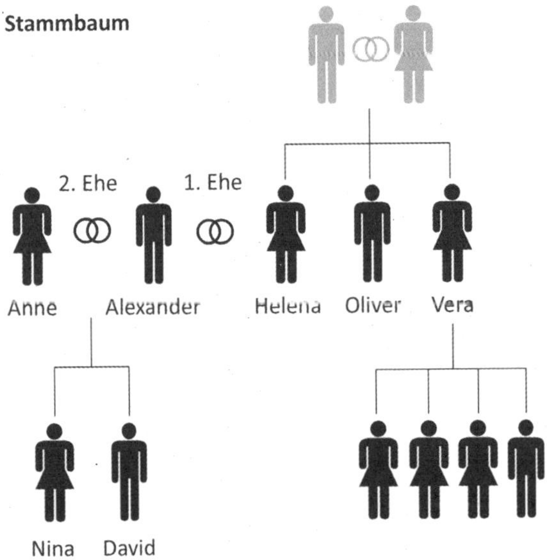

WAS BEWEGT DIE MITERBEN IM GRUNDFALL?

Nina ist am Erwerb des Grundstücks interessiert. Sie ist besorgt, dass ihre Investition in die Einliegerwohnung im Zuge der Erbauseinandersetzung unter den Tisch fallen könnte. Auch möchte sie, dass ihre Leistungen für ihren Vater Alexander angemessen berücksichtigt werden. Dem Grundbuch entnimmt sie, dass Oliver und Vera dort immer noch eingetragen sind. Von denen hat sie jahrzehntelang nichts gehört und hofft, dass sie sich nicht mit ihnen auseinandersetzen muss. Auch in Bezug auf David macht sie sich Sorgen. Sie ist mit ihm zwar in den letzten Jahren ganz gut ausgekommen, ahnt aber, dass es nun zum Streit kommen könnte. Sie fürchtet, dass er alle ihre Verfügungen über Alexanders Konten in den letzten Jahren hinterfragen und ihr schon „aus Prinzip" die Zusammenarbeit in der Erbengemeinschaft schwer machen wird.

Anne möchte nicht, dass Nina und David sie zwingen, aus dem Haus auszuziehen. Sie möchte bis an ihr Lebensende weiter dort wohnen können. Außerdem hat sie Angst, dass jetzt hohe Entschädigungsansprüche auf sie zukommen. Oliver hat sie auf der Beerdigung bereits darauf angesprochen, dass sie und Alexander mit den Kindern seit Helenas Tod in dem Haus gewohnt hätten, ohne ihn um Erlaubnis zu fragen. Anne sieht außerdem, dass Dach und Heizungsanlage des Hauses dringend ausgebessert werden müssten und fürchtet, dass ab jetzt alle Renovierungs- und Sanierungskosten sowie alle Arbeiten an dem Grundstück an ihr hängen bleiben, weil sich ansonsten niemand zuständig fühlt. Schließlich ärgert sie, dass Nina und David es nicht für nötig hielten, ihr bei der Organisation der Beerdigung zu helfen und sie nun allein auf den Rechnungen sitzen bleibt.

David sieht nicht ein, irgendetwas in das Haus zu investieren. Er benötigt Geld und möchte so schnell wie möglich aus der Gemeinschaft ausscheiden. Ein Bekannter von ihm zeigt sich an dem Haus interessiert und würde gern seinen Erbanteil übernehmen, um sich die Immobilie zu sichern. Dass Nina für ihre angeblichen Leistungen etwas bekommt, sieht David nicht ein. Schließlich habe sie jahrelang mietfrei gewohnt und die Vorzüge von „Hotel Mama" genossen.

WAS SIE ÜBER DAS ERBRECHT WISSEN SOLLTEN

Bevor wir uns im Detail mit den Regeln der Erbengemeinschaft befassen, wollen wir Sie anhand unseres Grundfalls mit eini gen Grundbegriffen des Erbrechts vertraut machen, damit Sie die Ausführungen in den folgenden Kapiteln besser verstehen.

WAS BEDEUTET „ERBEN"?

Mit dem Tod einer Person geht ihr Nachlass (die Erbschaft) unmittelbar als Ganzes auf einen oder mehrere Erben über (§ 1922 BGB). Sind mehrere Erben vorhanden, bilden sie eine Erbengemeinschaft. Der oder die Erben treten an die Stelle des Erblassers. Alexanders Rechte und Pflichten sind jetzt also Annes, Ninas und Davids Rechte und Pflichten. Juristisch ausgedrückt: Die Erben sind die Rechtsnachfolger des Erblassers. Sie sind Träger der Nachlassrechte und Schuldner der Nachlassverbindlichkeiten.

Wer Erbe wird, regelt das Gesetz. Man kann dies durch eine letztwillige Verfügung aber auch selbst bestimmen.

WER ERBT NACH DEM GESETZ?

Erbrecht der Verwandten

Das Gesetz weist einen Nachlass den Verwandten des Erblassers zu: zunächst den näheren, dann den weiter entfernten. Die gesetzliche Erbfolge ist in sogenannte Ordnungen unterteilt, die in den §§ 1924 ff. BGB definiert werden. Erben erster Ordnung sind die Abkömmlinge des Erblassers, also seine Kinder und Kindeskinder, Erben zweiter Ordnung die Eltern des Erblassers und deren Abkömmlinge, die Erben dritter Ordnung die Großeltern des Erblassers und deren Abkömmlinge usw.

Im Gegensatz zu Alexander hatte Helena zu Lebzeiten kein Testament errichtet. Es trat deshalb die gesetzliche Erbfolge ein, als sie starb: Als Verwandte erbten Helenas Geschwister Oliver und Vera. Die beiden sind Erben zweiter Ordnung. Helenas Eltern lebten damals nicht mehr.

Erbrecht des Ehegatten

Alexander war zwar Helenas Ehemann, als solcher aber nicht mit ihr verwandt. Er gehört daher keiner Erbordnung an. Das Ehegattenerbrecht unterliegt eigenen Regeln (§§ 1931 ff. BGB). Neben Erben der ersten Ordnung steht dem Ehegatten 1/4 des Nachlasses zu, während er neben Verwandten der zweiten Ordnung und neben den Großeltern die Hälfte des Nachlasses erhält. Abkömmlinge von Großeltern und Erben entfernterer Ordnungen erben neben dem Ehegatten gar nicht.

Der Ehegatte des Erblassers hat aber nicht nur Anspruch auf seinen Erbteil, sondern auch auf Ausgleich des in der Ehe erwirtschafteten Zugewinns. Schließlich ist die Ehe ja durch den Tod „geschieden" worden. Der überlebende Ehegatte kann nach § 1371 BGB den Zugewinn wie im Scheidungsfall berechnen und ausgleichen lassen („güterrechtliche Lösung"). In der Praxis gebräuchlicher und meist auch wirtschaftlich vorteilhafter ist die sogenannte erbrechtliche Lösung: Hier wird der gesetzliche Erbteil des Ehegatten pauschal um 1/4 erhöht. Der Ehegatte erbt in diesem Fall neben Kindern die Hälfte und neben Erben der zweiten Ordnung und den Großeltern 3/4 des Nachlasses.

Neben Oliver und Vera als Erben zweiter Ordnung hat Alexander 3/4 des Nachlasses geerbt. Oliver und Vera haben sich das verbliebene Viertel geteilt, erhielten also jeweils 1/8.

Gesetzliche Erbfolge nach Helena

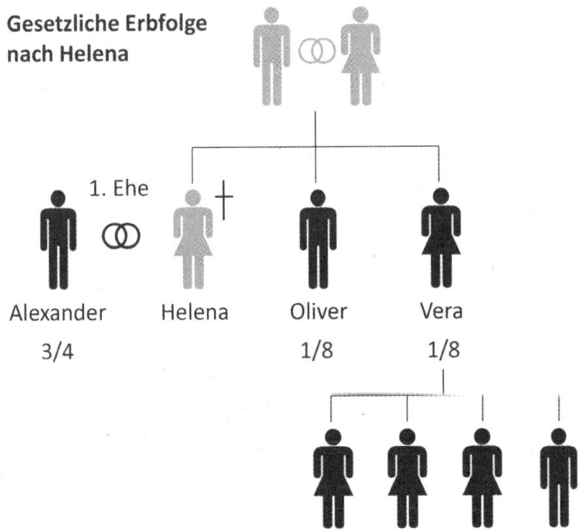

DER LETZTE WILLE DES ERBLASSERS

Wer nicht möchte, dass im Falle des eigenen Todes die gesetzliche Erbfolge eintritt, kann die Erbfolge in einer letztwilligen Verfügung, also in einem Testament oder Erbvertrag, selbst regeln. Zwar werden auch die einzelnen Anordnungen innerhalb eines Testaments oder Erbvertrages als letztwillige Verfügung bezeichnet; wenn wir in der Folge diesen Begriff verwenden, beziehen wir uns jedoch jeweils auf die Gesamturkunden.

Vorrang vor der gesetzlichen Erbfolge

Letztwillige Verfügungen haben gemäß § 1937 BGB Vorrang vor der gesetzlichen Erbfolge. In unserem Grundfall gilt nach Alexanders Tod also das, was Alexander und Anne in ihrem Testament bestimmt haben: Anne, Nina und David beerben ihn zu jeweils 1/3. Für den Großteil der Nachlassfälle in Deutschland gilt dagegen die gesetzliche Erbfolge. Nur 20 %

Tipp

Selbst in vermeintlich übersichtlichen Familienkonstellationen sollten Sie über die Errichtung einer letztwilligen Verfügung nachdenken. Insbesondere wenn Sie möchten, dass nur einer Ihrer potenziellen Erben nach Ihrem Tod das Sagen hat, müssen Sie durch eine erbrechtliche Verfügung vorsorgen.

der Erblasser regeln ihren Nachlass durch Testament oder Erbvertrag.

Was das Vermächtnis von der Erbschaft unterscheidet

In einer letztwilligen Verfügung kann man nicht nur seine Rechtsnachfolger bestimmen, sondern bestimmten Personen auch einzelne Vermögensvorteile vermachen. Während der Erbe Rechtsnachfolger des Erblassers wird, dient ein Vermächtnis dazu, konkrete Gegenstände des Nachlasses zu übertragen, z. B. Bargeld, Schmuck, Kraftfahrzeuge, Grundstücke, Gesellschaftsanteile, Konten oder Wertpapierdepots. Diese fallen zwar zunächst an den oder die Erben als Rechtsnachfolger des Erblassers; der Vermächtnisnehmer kann aber nach § 2174 BGB verlangen, dass sie ihm ausgehändigt werden.

Vorsicht

Stellen Sie unbedingt klar, wer Erbe und wer „nur" Vermächtnisempfänger sein soll! Manche Erblasser wollen es besonders gut machen und versuchen, in ihrem Testament sämtliche Vermögensgegenstände Stück für Stück gerecht zu verteilen. Dabei wird regelmäßig übersehen, dass man auch noch ausdrücklich einen oder mehrere Erben benennen muss. Unterlässt der Erblasser dies, wird das Nachlassgericht in aller Regel davon ausgehen, dass alle bedachten Personen erben sollen. Die Folge: Auch Personen, die wirklich nur bestimmte Einzelgegenstände zugewiesen bekommen sollten, erhalten Verfügungsmacht über den Nachlass.

Wie Sie ein Testament errichten

Sie können Ihr Testament durch einen Notar beurkunden lassen oder es selbst verfassen. Entscheiden Sie sich für ein eigenhändiges Testament, muss es komplett handschriftlich abgefasst sein. Beachten Sie dabei unbedingt die Vorschrift des § 2247 BGB! Sie dürfen das Testament insbesondere nicht – auch nicht teilweise – mit einer Schreibmaschine oder mit dem Computer erstellen. Wozu ein Testament dient und wie man es errichtet, ist vielen Menschen geläufig – sei es, weil Freunde, Angehörige oder der Steuerberater „wissen, wie es geht" oder weil sie sich im Internet kundig gemacht haben. Ein vermeintlich ganz einfaches Testament zu verfassen, trauen sich deshalb viele zu und sparen sich den Gang zum Anwalt. Das ist riskant: Wenige Erblasser machen sich klar, in welchem Umfang den oder die Erben Pflichten und Haftungsrisiken durch Pflichtteilsansprüche naher Angehöriger, erbschaftssteuerliche Ansprüche, übergegangene Unterhaltsansprüche, sozialrechtliche Erstattungsansprüche, geerbte Handelsgeschäfte und Gesellschaftsanteile etc. treffen können. Wer testieren will, muss aber nicht nur seine Ziele klar definieren, sondern auch um die rechtlichen Risiken der eigenen Situation wissen. Gar zu oft stehen die Erben am Ende ganz anders da, als vom Erblasser gewollt. Konflikte unter den bedachten Personen sind dann vorprogrammiert. Und nichts ist im Erbrecht konfliktträchtiger als die Auslegung missverständlicher Testamente.

Als Ehepaar gemeinsam testieren

„Berliner Testament"

Ehegatten und gleichgeschlechtliche Lebenspartner haben die Möglichkeit, gemeinschaftlich ein Testament zu errichten. In der Praxis sehr gebräuchlich ist das sogenannte Berliner Testament. Es handelt sich um ein gemeinschaftliches Testament, in dem die Ehegatten oder Partner sich für den ersten Todesfall gegenseitig zu Erben einsetzen und bestimmen, dass mit dem Tod des Längerlebenden von ihnen der Nachlass an einen Dritten – bei Ehegatten in der Regel die Kinder – fallen soll.

Vor- und Nacherbschaft

Bestimmt der Erblasser einen Erben, an dessen Stelle im zweiten Todesfall ein weiterer Erbe treten soll, stellt sich die Frage, ob der Erblasser dem ersten Erben freie Verfügungsmacht über das geerbte Vermögen einräumen wollte oder ob ihm daran lag, das Vermögen dem zweiten Erben möglichst zu erhalten. Steht der Schutz des zweiten Erben im Vordergrund, spricht man von Vor- und Nacherbschaft (§§ 2100 ff. BGB). Der Vorerbe kann je nach Ausgestaltung gar nicht oder nur eingeschränkt über das geerbte Vermögen verfügen. Im Nacherbfall – meistens der Tod des Vorerben – fällt das Vermögen dem Nacherben an. Der Nacherbe beerbt dabei nicht den Vorerben, sondern den ursprünglichen Erblasser.

Voll- und Schlusserbschaft

Tipp

Bevorzugen Sie bei einem „Berliner Testament" den Eintritt von Vor- und Nacherbschaft, müssen Sie dies unbedingt ausdrücklich bestimmen.

Heutzutage entscheiden sich die Erblasser meist für die Konstruktion der Voll- und Schlusserbschaft: Der erste Erbe, der Vollerbe, bekommt den Nachlass zur freien Verfügung; er wird Teil seines eigenen Vermögens. Im zweiten Todesfall erhält der Schlusserbe seinen Teil vom Gesamtnachlass des Vollerben. Ist dieser verbraucht, geht er eben leer aus. Bei einem „Berliner Testament" nimmt der Gesetzgeber standardmäßig an, dass die Erblasser Voll- und Schlusserbschaft anordnen wollten (§ 2269 BGB).

Was den Erbvertrag vom gemeinschaftlichen Testament unterscheidet

Erbverträge können zwischen mehreren Erblassern geschlossen werden und zwischen Erblassern und ihren Erben. Auch Paare, die nicht verheiratet sind, können sich für einen Erbvertrag entscheiden, wenn sie ihre Erbfolge gemeinsam regeln wollen. Das gemeinschaftliche Testament steht ihnen nicht zur Verfügung, weil es Ehegatten vorbehalten ist. Der Hauptunterschied zwischen einem gemeinschaftlichen Testament und einem Erbvertrag liegt in der Bindungswirkung: Während sich Ehepartner zu Lebzeiten des anderen von einem gemeinschaftlichen Testament durch empfangsbedürftige notarielle Erklärung lösen können, sind die Vertragspartner eines Erbvertrages grundsätzlich an ihre Erklärungen gebunden. Etwas anderes gilt nur dann, wenn sie sich einen Rücktritt ausdrücklich vorbehalten haben oder dem Vertragspartner schwere Verfehlungen vorzuwerfen sind. Ein Erbvertrag ist daher dann sinnvoll, wenn die Vertragsparteien Verfügungen über das Erbe treffen, die der Erblasser nicht einseitig ändern können soll. Für den Erben bedeutet dies eine erhöhte Planungssicherheit.

Haben Ehegatten oder eingetragene Lebenspartner einen Erbvertrag oder ein gemeinschaftliches Testament errichtet, erlischt die Verfügung, wenn es zur Scheidung kommt. Das gilt nicht, wenn unverheiratete Paare, die ihre Erbfolge vertraglich geregelt haben, sich trennen! Anders als ein Testament muss ein Erbvertrag zwingend in Anwesenheit aller Vertragsparteien notariell protokolliert werden. Einen eigenhändigen Erbvertrag gibt es nicht.

Wie eine letztwillige Verfügung eröffnet wird

Testamente und Erbverträge werden nicht feierlich von einem Notar oder Richter eröffnet und dann verlesen. Die Eröffnung einer letztwilligen Verfügung ist vielmehr ein recht nüchterner Akt: Das Nachlassgericht stellt in aller Regel ohne Publikum und durch einen sehr kurzen Eröffnungsbeschluss fest, welche letztwilligen Verfügungen des Erblassers ihm vorliegen; diese werden dann in Kopie an Erben, Vermächtnisnehmer und mögliche Pflichtteilsberechtigte versandt.

Vorsicht

Finden Sie ein handschriftliches Testament in der Wohnung des Erblassers, sind Sie verpflichtet, es unverzüglich beim Nachlassgericht abzugeben. Tun Sie dies nicht, drohen Ihnen Zwangsgelder, Sie machen sich ggf. schadensersatzpflichtig und wegen Urkundenunterdrückung strafbar. Auch können Sie erbunwürdig werden. Selbst wenn Sie sich nicht sicher sind, ob es sich wirklich um ein Testament handelt, empfiehlt es sich, eine Verfügung sicherheitshalber beim Nachlassgericht abzugeben.

WENN SIE DIE ERBSCHAFT ODER DAS VERMÄCHTNIS NICHT HABEN WOLLEN

Es gibt gute Gründe, eine Erbschaft nicht anzunehmen. Der Nachlass könnte überschuldet sein. Und selbst wenn er nicht überschuldet ist, kann die schwierige Erblage oder das schlechte Verhältnis zu den Miterben so abschreckend wirken, dass Sie lieber auf die Erbenstellung verzichten. Auch kann es sein, dass Sie pflichtteilsberechtigter Erbe sind und der Erblasser Ihnen in seinem Testament so viele Belastungen auferlegt hat, dass es für Sie attraktiver ist, die Erbschaft auszuschlagen und stattdessen Ihren Pflichtteil geltend zu machen. Wer nicht zum Kreis der Pflichtteilsberechtigten gehört – hierzu gleich mehr –, hat diese Möglichkeit nicht: Schlägt er eine unattraktive Erbschaft aus, bekommt er nichts.

Ausschlagungsfristen

Die verschiedenen Ausschlagungsfristen ergeben sich aus § 1944 BGB. Im Fall der gesetzlichen Erbfolge müssen Sie die Ausschlagung binnen sechs Wochen erklären, nachdem Sie vom Tod des Erblassers erfahren haben. Werden Sie Erbe, weil ein anderer zuvor die Erbschaft ausgeschlagen hat, beginnt die Frist mit Kenntnis von dessen Ausschlagungserklärung. Hat der Erblasser Sie in seiner letztwilligen Verfügung als Erbe eingesetzt, läuft die Frist ab Zugang der Abschrift der Verfügung samt Eröffnungsprotokoll des Nachlassgerichts. Die Frist wird nicht schon dadurch in Gang gesetzt, dass Sie auf andere Weise von dem Testament erfahren.

Die Ausschlagungsfrist beträgt sogar sechs Monate, wenn Erbe oder Erblasser sich zu Beginn der Frist im Ausland aufhielten.

Form der Ausschlagung

Die Ausschlagung kann wahlweise beim Nachlassgericht des eigenen Wohnsitzes erklärt werden oder beim Nachlassgericht, das für den Todesfall zuständig ist. Erforderlich ist eine öffentlich beglaubigte Erklärung: So können Sie die Ausschlagung schriftlich erklären, für kleines Geld bei Ihrem Ortsgericht oder einem Notar beglaubigen lassen und sie anschließend – möglichst gegen Eingangsnachweis – beim Nachlassgericht abgeben. Alternativ besteht die Möglichkeit, die Ausschlagungserklärung bei einem Rechtspfleger zu Protokoll zu geben. Auch eine Beurkundung der Ausschlagung beim Notar ist denkbar, hat aber keine besonderen Vorteile, welche die Protokollierungskosten rechtfertigen.

Vermächtnis

Ein Vermächtnis wird mit Eintritt des Erbfalls fällig, es sei denn, der Erblasser hat in seiner letztwilligen Verfügung bestimmt, dass es später fällig werden soll. Ein Vermächtnisnehmer kann das fällige Vermächtnis durch ausdrückliche Erklärung oder durch schlüssiges Handeln gegenüber dem Erben annehmen oder ausschlagen. Der Vermächtnisanspruch verjährt binnen drei Jahren nach Fälligkeit.

WANN PFLICHTTEILSANSPRÜCHE BESTEHEN

Pflichtteilsberechtigte Personen

Ein Erblasser ist nicht verpflichtet, seine Kinder oder seinen Ehegatten im Erbfall zu bedenken. Ein übergangener gesetzlicher Erbe, der zu den nächsten Angehörigen zählt, hat jedoch Anspruch auf „Schadensersatz", der auf einen Teil des hinterlassenen Vermögens gerichtet ist, den sogenannten Pflichtteil (§ 2303 BGB).

Ein Entzug des Pflichtteils ist nur in ganz gravierenden Fällen möglich, z. B. bei einem Tötungsversuch oder körperlichen Misshandlungen, die etwa gegen den Erblasser, die Eltern oder Geschwister gerichtet waren (§ 2333 BGB).

Pflichtteilsberechtigt sind

1. Abkömmlinge des Erblassers (leibliche Kinder, Adoptivkinder, nichteheliche Kinder),
2. der Ehegatte oder eingetragene Lebenspartner des Erblassers und
3. die Eltern des Erblassers, wenn keine Abkömmlinge vorhanden waren.

Weitere Pflichtteilsberechtigte sind gesetzlich nicht vorgesehen. Wenn Sie möchten, können Sie Ihre Geschwister, Nichten, Neffen, Großeltern, Onkeln, Tanten etc. also sanktionslos enterben.

In unserem Grundfall müssen keine Pflichtteilsansprüche erfüllt werden, weil Alexander die Pflichtteilsberechtigten (Anne, Nina und David) ausreichend in seinem Testament bedacht hat.

Höhe des Pflichtteilsanspruchs

Der Pflichtteilsanspruch ist ausschließlich auf Zahlung von Geld aus dem Nachlass gerichtet. Verlangen kann der Pflichtteilsberechtigte seinen halben gesetzlichen Erbteil – genauer: die Hälfte des Wertes des gesetzlichen Erbteils des Erbfalls. Spätere Wertentwicklungen des Nachlasses bleiben außer Betracht. Bei der Wertberechnung des Nachlasses ist der Verkehrswert maßgebend, der nötigenfalls durch einen Sachverständigen zu schätzen ist. Von diesem Wert sind neben den Schulden des Erblassers die Bestattungskosten und die Kosten der Wertermittlung abzusetzen. Falls der Berechtigte ein notarielles Nachlassverzeichnis verlangt hat, auch diese Kosten.

Angenommen, unser Grundfall hätte so ausgesehen:
Alexander hat David enterbt und ein Ackergrundstück hinterlassen, das ein Jahr nach seinem Tod zu Bauland wird und damit im Wert um 200.000 Euro steigt. Der Nachlass hat nach Abzug aller Nachlassverbindlichkeiten einen Gesamtwert von 400.000 Euro.

David wäre nach dem Gesetz Erbe erster Ordnung und hätte damit neben Anne (1/2 gesetzlicher Erbanteil) und Nina (1/4 gesetzlicher Erbanteil) Anspruch auf 1/4 des Nachlasses. Da er enterbt ist, hat er nur einen Pflichtteilsanspruch von 1/8. Er kann von Anne und Nina Zahlung von 50.000 Euro verlangen. Da die Wertsteigerung des Ackergrundstücks erst nach dem Todesfall erfolgte, wird er an ihr nicht beteiligt.

Wenn ein gesetzlicher Erbe weniger erbt als seinen Pflichtteil

Wird jemand aus dem Kreis der Pflichtteilsberechtigten als Erbe eingesetzt, fällt sein Erbteil aber geringer aus als sein Pflichtteil im Falle der Enterbung, hat er einen sogenannten Zusatzpflichtteils- oder Pflichtteilsrestanspruch. Er kann dann die Differenz zu seinem Pflichtteil beanspruchen.

Alexander ist von David enttäuscht, möchte ihn aber nicht völlig enterben. Er bestimmt in seinem Testament, dass Anne 3/4 des Nachlasses erhalten soll, Nina 3/16 und David nur 1/16. Der Nachlass hat einen Wert von 400.000 Euro.

David erhält nach dem Testament nur einen Erbteil im Wert von 25.000 Euro (1/16 von 400.000 Euro). Wäre er enterbt worden, hätte er aber 50.000 Euro als Pflichtteil verlangen können (1/8 von 400.000 Euro). Er kann deshalb von Anne und Nina zusätzlich einen Betrag von 25.000 Euro verlangen. Hinsichtlich seines Erbteils von 1/16 bleibt David ganz normal Miterbe der Erbengemeinschaft. Die Erbschaft gemäß § 2306 Abs. 1 BGB auszuschlagen und schlicht den Pflichtteil geltend zu machen, wäre für ihn keine Lösung, da sein Erbteil in diesem Beispiel nicht belastet, sondern lediglich zu klein ist.

In unserem Grundfall steht David, Nina und Anne kein Pflichtteilsrestanspruch zu, da alle 1/3 Erbanteil erhalten haben und damit mehr als die Hälfte ihres gesetzlichen Erbanteils.

Auf den Pflichtteilsanspruch sind frühere Zuwendungen des Erblassers an den Berechtigten anzurechnen, wenn der Erblasser das im Moment der Zuwendung bestimmt hat (Anrechnungsbestimmung). Wurde dies vergessen, ist es hinterher nicht mehr nachzuholen!

Wenn der Erblasser sein Vermögen zu Lebzeiten verschenkt hat

Pflichtteilsergänzung

Schenkungen des Erblassers innerhalb der letzten zehn Jahre vor seinem Tod werden dem Nachlass bei der Berechnung der Pflichtteilsansprüche hinzugerechnet. Der hinzuzurechnende Wert sinkt Jahr für Jahr, nachdem die Schenkung erfüllt ist, um 10 % (Abschmelzung). Es kann sich also auch dann lohnen, zu Lebzeiten Schenkungen vorzunehmen, wenn man bis zum Erbfall keine zehn Jahre mehr lebt.

Die Zehnjahresgrenze gilt nicht bei Schenkungen an den Ehegatten oder wenn der Erblasser sich zu viele Rechte (z. B. ein Nießbrauchsrecht) am Geschenk vorbehalten hat!

Bei Schenkungen an den Ehegatten beginnt die Zehnjahresgrenze erst mit der Auflösung der Ehe, etwa durch Scheidung oder den Tod des Ehegatten, zu laufen, im letzten Fall aus Sicht des Ergänzungsberechtigten also gar nicht.

Auf Pflichtteilsergänzungsansprüche sind alle Zuwendungen anzurechnen, die der Berechtigte vom Erblasser erhalten hat. Ob der Erblasser im Zeitpunkt der Zuwendung an eine Anrechnungsbestimmung gedacht hat oder nicht, spielt keine Rolle. Pflichtteilsergänzungsansprüche richten sich grundsätzlich gegen den Erben, bei „dürftigem" (= zu geringem) Nachlass gegen den Beschenkten selbst.

Verjährung von Pflichtteilsansprüchen

Pflichtteilsansprüche verjähren binnen drei Jahren nach dem Ende des Jahres, in dem der Erblasser verstorben ist. Die Frist beginnt mit der Kenntnis der Verfügung, aus der sich der Anspruch ergibt (z. B. des enterbenden Testaments). Das gilt auch für Pflichtteilsergänzungsansprüche. Diese verjähren aber frühestens binnen drei Jahren, nachdem Sie als Pflichtteilsberechtigter von der Schenkung erfahren haben. Wird Ihnen also erst ein Jahr nach dem Erbfall mitgeteilt, dass es ein Geschenk gab, können Sie Ihren Ergänzungspflichtteil auch noch im vierten Jahr nach dem Erbfall verlangen.

WANN ERBSCHAFTSSTEUER ANFÄLLT

Als Erbe, Vermächtnisnehmer oder Pflichtteilsberechtigter müssen Sie das Vermögen, das Sie von Todes wegen erwerben, versteuern. Die Höhe der Erbschaftssteuer hängt von drei Faktoren ab: der Höhe des Erwerbs, dem Zeitpunkt des Erwerbs und dem verwandtschaftlichen und familiären Näheverhältnis zum Erblasser. Das Näheverhältnis wirkt sich darauf aus, in welche der drei erbschaftssteuerlichen Steuerklassen der Erwerber fällt. Der Steuersatz richtet sich dann zum einen nach der Steuerklasse, zum anderen nach der Höhe des zu versteuernden Vermögens.

Steuerklassen

Die Steuerklassen sind in § 15 ErbStG geregelt. Vereinfacht gesagt gilt für die nächsten Familienangehörigen Steuerklasse I, für entferntere Verwandte Steuerklasse II und für alle sonstigen Personen Steuerklasse III. Im Einzelnen:

Steuerklasse I:
- Ehegatte und eingetragener Lebenspartner
- Kinder und Stiefkinder
- Abkömmlinge der Kinder und Stiefkinder
- Eltern, Großeltern, Urgroßeltern etc. bei Erwerben von Todes wegen (Erbschaften, Vermächtnisse etc.)

Steuerklasse II:
- Eltern, Großeltern, Urgroßeltern etc., soweit sie nicht zur Steuerklasse I gehören (also bei Schenkungen)
- Geschwister
- Abkömmlinge ersten Grades von Geschwistern
- Stiefeltern
- Schwiegerkinder
- Schwiegereltern
- Geschiedener Ehegatte oder Lebenspartner

Steuerklasse III:

- alle übrigen Erwerber (z. B. der nichteheliche Lebenspartner); außerdem Zweckzuwendungen

Steuerfreibeträge

Zu versteuern ist lediglich der Erwerb oberhalb bestimmter Freibeträge. Diese sind umso höher, je näher der Erwerber dem Erblasser in familiärer Hinsicht stand:

Ehegatten und eingetragene Lebenspartner:	500.000 Euro
Kinder und die Kinder vorverstorbener Kinder:	400.000 Euro
die Kinder nicht vorverstorbener Kinder:	200.000 Euro
alle übrigen Personen der Steuerklasse I:	100.000 Euro
die Personen der Steuerklassen II und III:	20.000 Euro

Diese Steuerfreibeträge können Sie alle zehn Jahre neu ausnutzen. Es kann bei hohen Vermögen daher sinnvoll sein, Werte im Wege der vorweggenommenen Erbfolge schon zu Lebzeiten zu übertragen. Auch Schenkungen unterliegen der Steuerpflicht. Sämtliche Erwerbe aus Schenkungen und Erbschaften werden innerhalb eines Zehnjahreszeitraums addiert und einheitlich besteuert. Haben Sie Ihren beiden Kindern beispielsweise im Jahr 2010 jeweils 400.000 Euro geschenkt und sterben Sie im Jahr 2022, können Sie von Todes wegen jedem Kind nochmals 400.000 Euro zuwenden, ohne dass Ihre Kinder einen Cent Erbschafts- oder Schenkungssteuer zahlen müssen.

Steuersätze

Die Erbschaftssteuer wird gemäß § 19 ErbStG nach folgenden Prozentsätzen erhoben:

Wert des steuerpflichtigen Erwerbs bis einschließlich ... Euro	**Prozentsatz in der Steuerklasse**		
	I	**II**	**III**
75.000	7	15	30
300.000	11	20	30

600.000	15	25	30
6.000.000	19	30	30
13.000.000	23	35	50
26.000.000	27	40	50
über 26.000.000	30	43	50

Vorgehen des Finanzamts

In der Praxis werden viele Erben vom Erbschaftssteuerfinanzamt nie etwas hören. Das Finanzamt erhält von den Banken, bei denen der Erblasser Konten geführt hat, eine Information über die Guthaben zum Todeszeitpunkt. Ferner wird der Wert etwaigen Immobilienvermogens grob anhand von Tabellen ermittelt. Ist ersichtlich, dass sich der Wert des Nachlasses deutlich unterhalb der Freibeträge bewegt, sieht das Finanzamt häufig davon ab, eine Erbschaftssteuererklärung einzufordern. Ihnen steht es natürlich frei, diese freiwillig einzureichen.

Fordert das Finanzamt eine Steuererklärung, müssen Sie diese meist binnen einem Monat abgeben. Erhalten Sie einen Steuerbescheid und wird dieser bestandskräftig, ist eine Stundung der Forderung oder eine Ratenzahlung nach denselben Kriterien möglich wie bei der Einkommensteuererklärung. Sie können sich nicht darauf berufen, dass die Erbengemeinschaft noch nicht auseinandergesetzt ist!

Ändert sich der Wert der Erbschaft nach Bestandskraft des Steuerbescheids, weil neue Nachlassgegenstände oder neue Nachlassverbindlichkeiten bekannt werden, können Sie als Steuerschuldner eine Neufestsetzung der Steuer und sodann Rückzahlung überzahlter Steuern verlangen. Das Finanzamt kann aber auch von sich aus eine Neufestsetzung vornehmen.

Wie hoch ist der Nachlass?

Um die Höhe des Nachlasses beziffern zu können, sieht das Bewertungsgesetz (BewG) verschiedene Bewertungsmethoden vor. Aktien z. B. werden nach dem Kurswert besteuert, während bei Bargeld der Nennwert maßgeblich ist. Für

Grundbesitz ermittelt das Finanzamt den sogenannten Grundbesitzwert:

Bewertung von Grundstücken

Der Wert unbebauter Grundstücke bestimmt sich regelmäßig nach ihrer Fläche und den Bodenrichtwerten. Unbebaute Grundstücke sind Grundstücke, auf denen weder benutzbare Gebäude stehen noch gebaut werden. Die Bodenrichtwerte sind von den Gutachterausschüssen nach dem Baugesetzbuch zu ermitteln und den Finanzämtern mitzuteilen. Bei der Wertermittlung ist stets der Bodenrichtwert anzusetzen, der vom Gutachterausschuss zuletzt zu ermitteln war. Der aktuelle Bodenrichtwert kann bei der örtlichen Gemeinde- oder Stadtverwaltung anhand der Bodenrichtwertkarte kostenlos erfragt werden.

Bebaute Grundstücke sind Grundstücke, auf denen sich benutzbare Gebäude befinden. Die Benutzbarkeit beginnt im Zeitpunkt der Bezugsfertigkeit. In den meisten Fällen bilden Wohngrundstücke den größten Teil der Erbschaft. Zur Berechnung der Erbschaftssteuer findet bei ihnen das sogenannte Vergleichswertverfahren Anwendung. Nach diesem Verfahren sind Kaufpreise von Grundstücken heranzuziehen, die hinsichtlich der wertbeeinflussenden Merkmale mit dem zu bewertenden Grundstück hinreichend übereinstimmen (Vergleichsgrundstücke). Grundlage sind vorrangig die von den Ämtern für Bodenmanagement mitgeteilten Vergleichspreise. Anstelle von Preisen für Vergleichsgrundstücke können von den Gutachterausschüssen auch bestimmte Vergleichsfaktoren herangezogen werden.

Der Wert von Mietwohngrundstücken wird im Ertragswertverfahren ermittelt. Dabei wird der Wert der Gebäude (Gebäudeertragswert) getrennt von dem Bodenwert auf der Grundlage des Ertrages ermittelt. Der Bodenwert und der Gebäudeertragswert ergeben den Ertragswert des Grundstücks. Es ist mindestens der Bodenwert anzusetzen. Sonstige bauliche Anlagen, insbesondere Außenanlagen, sind regelmäßig mit dem Ertragswert des Gebäudes abgegolten. Bei der Ermittlung des Gebäudeertragswertes ist von dem Reinertrag des Grundstücks auszugehen. Dieser ergibt sich aus dem Rohertrag des Grundstücks abzüglich der Bewirtschaftungskosten. Der Reinertrag des Grundstücks ist um den Betrag zu mindern, der sich durch eine angemessene Verzinsung des Bodenwertes ergibt; dies ergibt den Gebäudereinertrag. Der Verzinsung des Bodenwertes ist der Liegenschaftszinssatz zugrunde zu legen.

Auf Bewertungsdetails können wir im Rahmen dieses Buchs nicht eingehen. Das zuvor Gesagte soll Ihnen lediglich einen kleinen Eindruck geben, wie komplex die Materie an dieser Stelle ist. Die Wertberechnung ist Sache Ihres Anwalts, der mit Ihnen eine möglichst steuergünstige Möglichkeit der Wertübertragung unter Lebenden oder von Todes wegen erarbeiten muss.

Sie können den Wert jeder Immobilie auch durch Schätzungsurkunde oder Sachverständigengutachten ermitteln lassen. Das Ergebnis bildet dann den sogenannten gemeinen Wert (oder: Verkehrswert) ab, der der Besteuerung zugrunde zu legen ist. Jedenfalls Sachverständigengutachten werden regelmäßig durch das Finanzamt anerkannt, häufig werden aber auch Schätzungsurkunden akzeptiert.

02 DIE ERBENGEMEINSCHAFT

Eine Erbengemeinschaft entsteht, wenn die Erbschaft auf mehrere Erben gleichzeitig übergeht. Der Nachlass wird gemeinschaftliches Vermögen der Gemeinschaft. Das gilt sowohl für die Nachlassaktiva – den „positiven“ Nachlass – als auch für Schulden, die der Erblasser hinterlassen hat. Doch was bedeutet „gemeinschaftliches Vermögen“ eigentlich genau? Wie belegen die Erben ihre Erbenstellung und ihre jeweilige Erbquote? Und inwiefern haften sie für Nachlassverbindlichkeiten? Diese Fragen beantwortet das folgende Kapitel. Als künftiger Erblasser erfahren Sie darüber hinaus, inwiefern Sie Einfluss auf die Verwaltung und Auseinandersetzung der Erbengemeinschaft nehmen können.

GESAMTHANDSGEMEINSCHAFT

David beantragt einen Erbschein, in dem Nina, Anne und er wie im Testament festgelegt jeweils zu 1/3 als Erben von Alexander ausgewiesen werden sollen. Der Erbschein wird auch so erteilt. David veranlasst außerdem, dass die drei Erben ins Grundbuch von Alexanders und Helenas Grundstück eingetragen werden. Als Nina den Veränderungsnachweis vom Grundbuchamt zugesandt bekommt, ärgert sie sich, denn im Grundbuch ist nicht erwähnt, welche konkreten Anteile ihr, David und Anne am Grundstück zustehen. Sie werden nur gemeinsam mehrfach als „Erbengemeinschaft" erwähnt. Nina will wissen, was oder wie viel ihr denn nun ganz konkret vom Grundstück, vor allem aber vom Haus gehört.

Die Frage danach, was einem Miterben vom Nachlass „gehört", ist eine der konfliktträchtigsten des ganzen Erbrechts. Die kurze, aber sehr unbefriedigende Antwort auf Ninas Frage ist: Ihr gehört nur eine „ideelle quotale Berechtigung am Gesamthandsvermögen" nach Helena und Alexander. Weder ist sie Eigentümerin des Grundstücks noch irgendwelcher konkreter Anteile hieran. Bankkonten, Wertpapierdepots, Kraftfahrzeuge, Grundvermögen, Firmenanteile und alle sonstigen Nachlasswerte und -rechte fallen den einzelnen Miterben nämlich nicht nach Bruchteilen oder in anderer Weise abhängig von ihrer jeweiligen Erbquote an. Vielmehr werden die Miterben alle gemeinsam Eigentümer aller Nachlasswerte (§ 2032 Abs. 1 BGB). Jedem gehört also alles. Man spricht von einer sogenannten Gesamthandsgemeinschaft. Von diesem Grundsatz gibt es einige wenige, aber sehr bedeutsame Ausnahmen, insbesondere im Gesellschaftsrecht. Im 4. Kapitel gehen wir hierauf genauer ein.

Nur durch die einvernehmliche Verteilung der Nachlassgegenstände an die Miterben, die Erbauseinandersetzung, erhält ein Miterbe persönlich Eigentum oder Miteigentum an den ihm zugewiesenen Gegenständen.

Ohne hier schon ins Detail zu gehen: Da alle Mitglieder der Erbengemeinschaft grundsätzlich gleichberechtigte Miteigentümer der Nachlassgegenstände sind, gestaltet sich deren Verwaltung bis zur Auseinandersetzung der Erbengemeinschaft schwierig, insbesondere wenn die Miterben sich zerstritten haben.

ERBENSTELLUNG UND ERBQUOTE BELEGEN

Müssten die Miterben gegenüber jedem Gläubiger oder Schuldner einzeln nachweisen, dass sie Erben geworden sind und welche Erbquote ihnen zusteht, käme der Rechtsverkehr zum Erliegen. Es muss also ein Dokument her, aus dem sich die Quoten verlässlich ergeben und auf dessen Aussagekraft sich derjenige verlassen kann, dem es vorgelegt wird: der Erbschein. Wie man ihn bekommt, ist in den §§ 2353 ff. BGB geregelt.

WANN SIE EINEN ERBSCHEIN BENÖTIGEN

Einen Erbschein benötigen Sie nur, wenn ein handschriftliches Testament vorliegt oder die gesetzliche Erbfolge eintritt. Hat der Erblasser dagegen ein notarielles Testament oder einen Erbvertrag errichtet und das Nachlassgericht die notarielle Verfügung eröffnet und Ihnen mit dem Eröffnungsbeschluss übersandt, hat diese im Rechtsverkehr die gleiche Wirkung wie ein Erbschein. Nur bei unübersichtlicher Erbfolge ist trotz notarieller Verfügung noch ein Erbschein erforderlich. In unserem Grundfall benötigen die Erben einen Erbschein, weil Alexander und Anne ein handschriftliches Testament errichtet haben.

Tipp

Dass Sie Erbe geworden sind und welche Erbquote Ihnen zusteht, können Sie nicht nur mit einem Erbschein, sondern in aller Regel auch mit einem notariellen Testament oder Erbvertrag nachweisen.

02

WIE SIE EINEN ERBSCHEIN BEANTRAGEN

Jeder Miterbe hat das Recht, einen Erbscheinsantrag zu stellen und damit das sogenannte Erbscheinsverfahren einzuleiten. Zuständig ist das Nachlassgericht am Wohnsitz des Erblassers. Es handelt sich nicht um ein eigenständiges Gericht, sondern um eine Abteilung der Amtsgerichte. Diese ist anders organisiert und arbeitet nach anderen Verfahrensregeln als die zivilgerichtlichen Abteilungen. Andere Sonderabteilungen sind z. B. das Familiengericht, das Vormundschaftsgericht oder das Handelsgericht.

Um einen Erbschein zu beantragen, wenden Sie sich entweder direkt ans Nachlassgericht und lassen den Antrag dort von einem Rechtspfleger aufnehmen oder Sie suchen einen Notar auf, der den Antrag sodann bei Gericht einreicht. In beiden Fällen ist die Erbfolge nachzuweisen. Außerdem müssen Sie die Richtigkeit Ihrer Angaben an Eides statt versichern. Hat der Erblasser ein Testament hinterlassen, ergibt sich die Erbfolge aus diesem. Im Falle der gesetzlichen Erbfolge sind die Abstammungsurkunden vorzulegen.

Erbenermittlung

Im Falle der gesetzlichen Erbfolge ist es häufig gar nicht so einfach herauszufinden, wer die anderen Erben sind. Vorarbeit erledigt hier aber das Nachlassgericht, das die Familienverhältnisse des Erblassers ermitteln und die möglichen Erben anschreiben muss. Sind die Erben entfernterer Verwandter nicht bekannt, müssen deren Nachlassakten beigezogen werden. In komplizierten Fällen schalten sich Erbenermittler ein.

Kompliziert kann es beispielsweise dann werden, wenn eine Erbengemeinschaft schon so lange besteht wie in unserem Grundfall die aus Alexander, Vera und Oliver. Denn dann kann unter Umständen nicht mehr ohne Weiteres ermittelt werden, wer Rechtsnachfolger des ursprünglichen Erblassers geworden ist. Mit jedem Tod eines Miterben treten nämlich dessen

Erben an seine Stelle, die bei ihrem Tod wiederum von ihren Erben ersetzt werden.

Die Tätigkeit von Erbenermittlern wird vielfach als unseriös und anrüchig wahrgenommen. Tatsächlich ist sie aber oft die einzige Möglichkeit, einen Nachlass, der ansonsten nach § 1936 BGB an den Fiskus fiele, an seine richtigen Adressaten zu bringen. Das Vorgehen seriöser Erbenermittler ähnelt einer aufwendigen Detektivarbeit, in deren Verlauf sie Gespräche mit Bekannten, Nachbarn und weitläufigen Verwandten des Erblassers führen und sich z. B. durch alte Tauf- und Kirchenregister arbeiten müssen, um Geschichte und Verbleib der Familie des Erblassers zu ermitteln. Gelingt es, bislang unbekannte Erben festzustellen, schreibt der Ermittler diese an und versucht, mit ihnen einen Deal auszuhandeln: Er bietet dem unbekannten Erben an, ihm gegen ein Honorar die Einzelheiten der Erbschaft mitzuteilen. Ein Honorar von 20 % bis 50 % ist üblich und je nach Nachlasswert den Interessen beider Seiten auch angemessen: Der Erbenermittler erhält eine Entschädigung für seine Auslagen und eine Vergütung für seine Arbeit und der unbekannte Erbe erhält Nachlasswerte, mit denen er nicht gerechnet hat und in deren Genuss er ohne die Erbenermittlung auch nicht gelangt wäre.

Erbscheinsarten

Der Erbschein wird als gemeinschaftlicher Erbschein grundsätzlich allen Erben erteilt, auch wenn nur einer den Antrag gestellt hat.

Sie können aber auch die Ausstellung eines Teilerbscheins beantragen. Aus dem Teilerbschein geht der Anteil eines einzelnen Miterben am Nachlass hervor. Beantragen mehrere, aber nicht alle Miterben zusammen einen Teilerbschein für ihre Anteile, wird ihnen ein gemeinschaftlicher Teilerbschein erteilt.

Teilerbscheine haben vielfach keinen großen praktischen Nutzen. Zur Grundbuchbereinigung und zur Übertragung von

Nachlasswerten ist schließlich die Zustimmung aller Miterben erforderlich. Einen Teilerbschein zu beantragen ist nur dann sinnvoll, wenn

- Sie die Quoten einiger Erben (etwa aufgrund unklarer Abstammungsverhältnisse) nicht bestimmen können,
- Sie lediglich Auskunft über den Nachlass begehren und Banken oder Nachlassbesitzern Ihre Erbenstellung nachweisen möchten oder
- Sie Ihren Erbanteil verkaufen oder ihn z. B. zur Aufnahme eines Darlehens belasten wollen und Ihr Vertragspartner oder das Kreditinstitut einen Erbnachweis fordert.

Wer über den Verlauf des Erbscheinsverfahrens informiert werden will, muss sich beim Gericht als Beteiligter des Verfahrens aufnehmen lassen.

INHALT UND ZWECK DES ERBSCHEINS

Im Erbscheinsverfahren prüft das Gericht, ob dem oder den Erben das behauptete Erbrecht zusteht. Es muss sicherstellen, dass keine inhaltlich falschen Erbscheine in den Rechtsverkehr gelangen. Die Erteilung des Erbscheins erfolgt dann durch Beschluss. Halten Sie die Entscheidung des Gerichts für falsch, können Sie als Beteiligte(r) des Verfahrens Beschwerde erheben und eine Überprüfung des Beschlusses durch das Oberlandesgericht erwirken.

In unserem Grundfall würde das Gericht folgenden Erbschein nach Alexander erteilen:

Amtsgericht ...
Nachlassgericht
Az. ....

Gemeinschaftlicher Erbschein

Der am ... in ... verstorbene und dort zuletzt wohnhaft gewesene

Alexander ...

geboren am ...

ist aufgrund letztwilliger Verfügung [anderenfalls: aufgrund gesetzlicher Erbfolge] von

1. Anne ...
2. David ...
3. Nina ...

zu je 1/3

beerbt worden.

(Richter)

Nicht berücksichtigt wird im Erbschein, ob der Erblasser Vermächtnisse ausgesetzt hat oder ob Pflichtteilsberechtigte Ansprüche gegen die Miterben haben. Die Erbquoten sagen also nichts darüber aus, ob den Erben nach Abzug von Vermächtnissen und Pflichtteilsansprüchen überhaupt ein entsprechender Anteil am Nachlass verbleibt. Der Erbschein weist nur aus, wer über den Nachlass verfügen darf, wer ihn sozusagen „in die Hände bekommt". Vermächtnis- und Pflichtteilsrechte ermächtigen ihre Inhaber nicht dazu, unmittelbar über den Nachlass oder einzelne Nachlassgegenstände zu verfügen. Vermächtnisnehmer können lediglich von den Miterben verlangen, ihre Vermächtnisse übertragen zu bekommen. Pflichtteilsberechtigte können nur Auskunft über den Nachlass verlangen und sodann Auszahlung ihres Pflichtteils. Sie sind jeweils nur Gläubiger des Nachlasses. Ihre Ansprüche können sie vor dem Zivilgericht durchsetzen. Das sind in der ersten Instanz die Amts- oder Landgerichte, nicht jedoch die Nachlassgerichte.

Verfügungsbeschränkungen

Aus dem Erbschein ergibt sich aber in bestimmten Fällen, ob einzelne oder alle Miterben in der Verfügung über den Nachlass beschränkt sind. Das kann der Fall sein, wenn der Erblasser eine Vor- und Nacherbschaft und/oder Testamentsvollstreckung angeordnet hat

Zweck des Erbscheins

Der Erbschein dient als Nachweis der Erbenstellung. Wem der Erbschein vorgelegt wird, kann darauf vertrauen, dass die darin aufgeführten Personen tatsächlich zu den angegebenen Quoten Erben geworden sind.

Rechtsanwalt Müller hat einen Herrn Schmidt senior in einem Klageverfahren vertreten. Dieser verstirbt. Ein Herr Schmidt junior spricht einige Zeit später in der Kanzlei vor und weist sich unter Vorlage eines Erbscheins als Alleinerbe aus. Müller gewährt ihm Akteneinsicht und bespricht die Sache mit ihm. Einige Zeit später erhält Müller einen wütenden Brief von einer Frau Schultze, dem ein neuer Erbschein beigefügt ist. Daraus geht sie als Alleinerbin hervor. Frau Schultze beschwert sich, dass Müller dem Schmidt Auskunft erteilt hat. Das Testament, auf das sich Schmidt junior berufen habe, sei offenkundig gefälscht gewesen. Müller habe gegen seine anwaltliche Schweigepflicht verstoßen und müsse mit standesrechtlichen Konsequenzen rechnen.

Rechtsanwalt Müller durfte dem ersten Erbschein vertrauen und Herrn Schmidt Auskunft erteilen. Gegen seine Schweigepflicht hat er nicht verstoßen. Er ist nicht verpflichtet, zu überprüfen, ob der Erbschein zu Recht erteilt wurde. Natürlich darf er Herrn Schmidt in Kenntnis des neuen Erbscheins keine Informationen mehr geben.

Weil Erbscheine im Rechtsverkehr eine große Bedeutung haben, muss das Gericht fehlerhafte oder überholte Erbscheine wieder einziehen. Kann der Inhaber des alten Erbscheins ihn nicht beibringen oder weigert er sich, ihn herauszugeben, muss der Erbschein vom Gericht für kraftlos erklärt werden. Dies ist mit erheblichen Kosten verbunden.

WAS EIN ERBSCHEIN KOSTET

Geschäftswert

Wer einen Erbschein beantragt, muss hierfür die Kosten übernehmen. Die Höhe der Gebühren richtet sich nach der Kostenordnung (KostO). Je nach Geschäftswert werden unterschiedliche Gebühren erhoben. Der Geschäftswert wiederum richtet sich nach dem Wert des sogenannten reinen Nachlasses. Das ist das Aktivvermögen des Erblassers abzüglich der Nachlasspassiva, also der Nachlassverbindlichkeiten. Wird der Erbschein nur zu einem bestimmten Zweck erteilt, etwa um im Grundbuch eine in den Nachlass gefallene Immobilie umzuschreiben, richtet sich der Geschäftswert allein nach dem Wert der Immobilie. Beantragen Sie lediglich einen Teilerbschein, richtet sich der Geschäftswert nur nach dem reinen Wert Ihres Erbanteils.

Für einen Geschäftswert bis 1.000 Euro wird z. B. eine Gebühr von 10 Euro erhoben. Hier beispielhaft einige weitere Geschäftswerte:

Geschäftswert in Euro	Gebühr in Euro
11.000	54
20.000	72
50.000	132
100.000	207
200.000	357
250.000	432
400.000	657

Die Gebühr fällt im Erbscheinsverfahren in aller Regel mehrfach an. So wird für die Erteilung des Erbscheins ebenso eine volle Gebühr erhoben wie für die Abnahme der eidesstattlichen Versicherung.

Ein Erblasser verfügt über ein Nachlassvermögen von 420.000 Euro und Schulden von 20.000 Euro. Für die Erteilung des Erbscheins und die Abnahme der eidesstattlichen Versicherung fallen zwei volle Gebühren an, mithin Gesamtkosten von 1.314 Euro.

Weitere Gebühren werden unter Umständen fällig, wenn das Gericht im Rahmen des Verfahrens Zeugen vernehmen, Gutachten einholen oder Ortsbegehungen durchführen muss.

WORÜBER DAS NACHLASSGERICHT NICHT ENTSCHEIDET

Im Erbscheinsverfahren wird nicht darüber entschieden, welche Ansprüche Sie als Miterbe gegen den Nachlass haben.

Das klingt zunächst banal, da wir bereits darauf hingewiesen haben, dass diese Ansprüche Gegenstand der Erbauseinandersetzung der Miterben sind. Was aber, wenn die Erbquote auch nach Abschluss des Erbscheinsverfahrens noch unklar ist oder die Verjährung von Ansprüchen droht?

Eine Erbengemeinschaft streitet sich über die Wirksamkeit eines Ehevertrages zwischen dem Erblasser und seiner Witwe, die zugleich Miterbin ist. In dem Vertrag hatten die Ehegatten Gütergemeinschaft vereinbart. Dadurch verringerte sich zwar die Erbquote der Ehefrau, im gleichen Zug hatte sie aber hälftiges Miteigentum am Vermögen des Erblassers erlangt – insgesamt ein sehr erheblicher Vermögensvorteil!

Die Entscheidungen des Nachlassgerichts beseitigen die Streitigkeiten über die Erbquote nicht endgültig. Die Miterben müssen ihre Ansprüche bei fortwährendem Streit letztlich auf dem Zivilrechtsweg klären, in erster Instanz also vor den Zivilabteilungen der Amts- oder Landgerichte. Diese sind an die Entscheidung des Nachlassgerichts nicht gebunden. Wer in unserem Fall also rechtskräftig festgestellt haben will, ob der Vertrag wirksam ist, muss zusätzlich noch eine Feststellungsklage vor dem Zivilgericht anstrengen. Das ist bei hohen Nachlassvermögen mitunter sehr teuer. Die Beteiligten können aber auch zunächst das Erbscheinsverfahren abwarten und erst bei weiterem Streit das Zivilgericht einschalten, denn der Auseinandersetzungsanspruch der Miterben verjährt nicht.

In anderen Fällen besteht dagegen durchaus Verjährungsgefahr:

Je nach Auslegung eines Testaments erhält der Sohn des Erblassers entweder einen Erbteil, der über seiner Pflichtteilsquote liegt, oder einen, der die Pflichtteilsquote unterschreitet.

Auch wer erbt, kann daneben noch Pflichtteilsansprüche haben, z. B. wenn seine Erbquote geringer ist als sein Pflichtteilsanspruch. Wie oben gesehen, spricht man in diesem Fall vom Zusatzpflichtteil. Dieser Anspruch verjährt wie alle anderen Pflichtteilsansprüche binnen drei Jahren ab Kenntnis des belastenden Testaments. Die Frist wird nicht gehemmt, während das Nachlassgericht oder die Folgeinstanzen noch die Auslegung des Testaments prüfen. Wer seinen Pflichtteil erhalten will, muss diesen vor Ablauf der Frist vor dem Zivilgericht geltend machen.

DIE NACHFOLGE INS GRUNDBUCH

Wie die meisten anderen Vermögenswerte fällt auch Grundvermögen der Erbengemeinschaft ungeteilt an. Dies schlägt sich auch im Grundbuch nieder. Die verstorbenen Miteigentümer werden jeweils durch ihre Erbengemeinschaften ersetzt: Als Helena starb, ging ihr gesamtes Vermögen inklusive ihres

Grundstücksanteils auf Alexander, Vera und Oliver über (vgl. S. 18 f.). Alexander wird nunmehr von Anne, Nina und David beerbt. In diese zweite Erbengemeinschaft fällt sowohl seine Grundstückshälfte als auch sein noch nicht bestimmter, in der ersten Erbengemeinschaft gebundener Anteil an Helenas Hälfte.

Eigentum am Grundstück nach Alexanders Tod

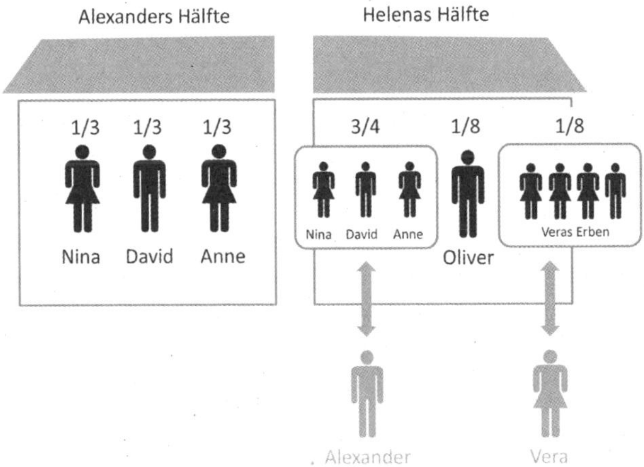

Mit dem Tod eines Grundstückseigentümers wird das Grundbuch unrichtig, in unserem Fall sogar in zweierlei Hinsicht: der verstorbene Alexander kann weder Eigentümer seiner Grundstücksanteile sein noch Mitglied einer Erbengemeinschaft. Die Grundbuchämter müssen dafür sorgen, dass sich in angemessener Zeit die neue Eigentumslage aus dem Grundbuch ergibt. Falls die Erben sich darum nicht kümmern, kann das Grundbuchamt selbst einen Erbscheinsantrag stellen. Die Kosten hierfür treffen die Erbengemeinschaft. Das Grundbuch ist durch die Eintragung der beiden verschränkten Erbengemeinschaften vorliegend berichtigt worden. Welchem Miterben letztlich welcher konkrete Anteil am Grundstück gehört, muss im Zuge der Erbauseinandersetzung geklärt und sodann durch notarielle Urkunde im Grundbuch vollzogen werden.

Eigentum am Haus

Nina fragt nicht nur nach den Eigentumsverhältnissen am Grundstück, sondern will auch wissen, welcher Teil des Hauses ihr nun eigentlich gehört. Aus juristischer Sicht ist eine Unterscheidung zwischen dem Grundstück und dem darauf befindlichen Gebäude jedoch gar nicht erforderlich. Grundstückszubehör und alles, was fest im Grundstück verbaut und verankert ist, ist nämlich unabhängig von Wert und Größe ein „wesentlicher Bestandteil“, gewissermaßen ein bloßes Anhängsel des Grundstücks. Dies verhält sich auch bei Eigentumswohnungen so; sie „hängen“ ebenfalls an einem klar definierten Miteigentumsanteil am Grundstück. Wer also auf fremder Leute Grundstück ein Haus errichtet, z. B. auf dem Grundstück der Schwiegereltern, verschafft den Grundstückseigentümern zugleich das Eigentum am Haus.

Sonderfall: Erbbaurechte

Eine Ausnahme von dieser Regel sind Erbbaurechte: Eigentümer großer Grundstücksflächen wie Kommunen und Kirchen überlassen ihr Grundvermögen mitunter anderen für einige Jahrzehnte zur Nutzung. Der Vorteil: Die Grundstückseigentümer behalten ihr Grundstück, haben Anspruch auf den sogenannten Erbbauzins und nach Ablauf des Erbbaurechts geht das Haus in ihr Eigentum über. Das Erbbaurecht ist ein „grundstücksgleiches Recht“, funktioniert also selbst wie ein Grundstück. Wer ein Erbbaurecht erwirbt, errichtet sein Bauwerk also auf dem Erbbaurecht. Dieses wird wesentlicher Bestandteil des Erbbaurechts und nicht des Grundstücks.

HAFTUNG FÜR NACHLASS-VERBINDLICHKEITEN

Die Miterben haften alle gemeinsam für Nachlassverbindlichkeiten, und zwar sowohl mit ihrem Erbanteil als auch mit ihrem Privatvermögen. Der Nachlass bleibt bis zur Auseinandersetzung vom übrigen Vermögen der Miterben getrennt. Man spricht deshalb auch von einem Sondervermögen. Besonders bedeutsam ist dies im Hinblick auf die Nachlassverbindlichkeiten. Gläubiger müssen sich daher gut überlegen, wie sie ihre Ansprüche gegenüber einer Erbengemeinschaft durchsetzen. Wenn die Miterben geschickt agieren, können sie den Zugriff von Nachlassgläubigern auf ihr Privatvermögen verhindern.

DURCHSETZUNG DER GLÄUBIGERANSPRÜCHE

Vierzehn Tage nach seinem Tod wurde Alexander beerdigt. Anne hatte sich um die Beerdigung gekümmert und mit Davids und Ninas Einverständnis Beerdigungsunternehmer Meyer beauftragt. Heute, eineinhalb Monate nach der Beerdigung, wartet Meyer immer noch darauf, dass seine Rechnung beglichen wird. Nina und David sind der Auffassung, dass diese viel zu hoch ist. Anne hatte Meyer sofort ein Drittel der Rechnungssumme bezahlt. Meyer fordert sie nun auf, auch noch den Rest der Rechnung zu begleichen.

Gesamthandsklage

Das Gesetz gestattet dem Nachlassgläubiger, seine Forderung aus dem Nachlass bei sämtlichen Miterben geltend zu machen. Kommen diese seiner Forderung nicht nach, kann der Gläubiger gegen sie alle eine sogenannte Gesamthandsklage erheben. Werden die Erben verurteilt, müssen sie die Forderung durch gemeinschaftliche Verfügung über die Nachlassgegenstände erfüllen.

Gesamtschuldklage

Die Gesamthandsklage ist aber recht aufwendig. Einfacher wäre es für den Gläubiger, wenn er seine Forderung nur gegenüber einem einzigen Miterben durchsetzen könnte. Obwohl dieser es womöglich als ungerecht empfindet, ist das auch möglich, denn die Erben haften als Gesamtschuldner für Nachlassverbindlichkeiten. Das bedeutet, dass jeder einzelne vom gemeinsamen Gläubiger auf Zahlung der gesamten Schuldsumme in Anspruch genommen werden kann. Dabei kann er sich im Außenverhältnis gegenüber dem Gläubiger nicht darauf berufen, dass die anderen Schuldner auch ihren Teil beitragen müssen, und nur seinen Bruchteil der Forderungssumme zahlen. Was er zu viel zahlen musste, kann er sich sodann aber im Innenverhältnis von seinen Mitschuldnern erstatten lassen. Er trägt dabei das Risiko, dass die anderen Mitschuldner nicht zahlungswillig oder -fähig sind. Erfüllt ein Miterbe, der als Gesamtschuldner in Anspruch genommen wird, die Forderung nicht, kann der Gläubiger gegen ihn eine sogenannte Gesamtschuldklage erheben.

Meyers Forderung in unserem Beispiel ist also berechtigt. Er kann das gesamte Geld von Anne einfordern und in dem Fall, dass sie die Zahlung verweigert, Gesamtschuldklage gegen sie erheben. Anne wiederum müsste versuchen, sich den Teil der Kosten, den sie im Innenverhältnis nicht tragen muss, von Nina und David erstatten zu lassen.

Wahlrecht

Nachlassgläubiger haben die Wahl, ob sie nur einen Miterben auf vollständige Erfüllung der Forderung in Anspruch nehmen wollen oder alle Miterben gemeinsam. Sie können dies auch parallel tun, um ihre Erfolgsaussichten zu erhöhen.

WIE SIE SICH ALS MITERBE GEGEN GLÄUBIGERANSPRÜCHE WEHREN KÖNNEN

Anne weigert sich, die Rechnung des Beerdigungsunternehmers Meyer komplett zu begleichen. Nina und David seien schließlich auch Erben und müssten ihren Anteil zu den Kosten beitragen. Daraufhin verklagt Meyer Anne im Wege einer Gesamtschuldklage. Anne will wissen, wie sie sich gegen die Klage wehren kann.

Dreimonatseinrede

Ein Erbe hat in den ersten drei Monaten nach Annahme der Erbschaft das Recht, die Berichtigung von Nachlassverbindlichkeiten zu verweigern (§ 2014 BGB). Er soll während dieser Schonfrist in Ruhe den Nachlass ordnen können. Insbesondere soll er in dieser Zeit prüfen können, ob er seine persönliche Haftung durch einen Antrag auf Nachlassverwaltung oder Nachlassinsolvenz beschränken sollte. Dazu später mehr.

Die Dreimonatseinrede würde Anne in unserem Beispiel aber nur vor Vollstreckungsmaßnahmen schützen. Seine Forderung kann Meyer durchaus erheben und auch klageweise durchsetzen. Bis das Gerichtsverfahren abgeschlossen ist, sind die drei Monate lange vorbei.

Streitverkündung

Bei der Streitverkündung handelt es sich nicht um ein Verteidigungsmittel gegen die eigentliche Forderung, sondern um eine Vorsorgemaßnahme, um weitere Schäden zu verhindern. Anne kann bekanntlich im Verfahren nicht einwenden, dass sie ihren Teil schon bezahlt habe. Sie müsste daher den noch offenen Betrag vollständig bezahlen und könnte erst später im Innenverhältnis bei David und Nina Rückgriff nehmen. Sie muss aber damit rechnen, dass die beiden sich wehren, weil sie die Beerdigungsrechnung für zu hoch halten.

Anne kann sich die Durchsetzung ihrer Erstattungsforderung gegen David und Nina erleichtern, indem sie ihnen – so der juristische Fachausdruck – „den Streit verkündet". Bei einer Streitverkündung bezieht man seinen Mitschuldner zwangsweise in ein Gerichtsverfahren mit ein. Wird Anne rechtskräftig verurteilt, gilt das Urteil auch gegen David und Nina. Mit dem Einwand, die Rechnung sei zu hoch, würden sie nicht mehr gehört und müssten Anne ihre Anteile auf Basis der gerichtlichen Entscheidung erstatten.

Einrede des ungeteilten Nachlasses

Die besten Aussichten, sich erfolgreich gegen die Klage zu verteidigen, hätte Anne mit der sogenannten Einrede des ungeteilten Nachlasses gemäß § 2059 Abs. 1 BGB. Die Einrede gibt jedem Erben das Recht, bis zur Teilung des Nachlasses die Berichtigung der Nachlassverbindlichkeiten aus dem Vermögen zu verweigern, das er neben seinem Anteil an dem Nachlass hat. Daraus ergibt sich zugleich, dass sie nur gegen eine Gesamtschuldklage erhoben werden kann. Die Gesamthandsklage zielt ja ohnehin nur auf das Nachlassvermögen. Wenn Anne die Einrede geltend macht, könnte Meyer also nicht mehr in Annes Privatvermögen vollstrecken, sondern nur noch in den ungeteilten Nachlass. Damit hätte die Gesamtschuldklage für ihn gegenüber der Gesamthandsklage keinen Vorteil mehr.

Meyer könnte natürlich die Erbauseinandersetzung abwarten und erst dann seine Forderung gegen Anne geltend machen. Das ist ihm aber nicht zu empfehlen. Denn zum einen kennt er als Außenstehender die Verhältnisse in der Erbengemeinschaft nicht und wird nicht erfahren, wann sie tatsächlich aufgelöst ist. Zum anderen steht er unter einem gewissen Zeitdruck: Gläubigerforderungen verjähren binnen drei Jahren nach ihrer Entstehung. Bis zur Auseinandersetzung einer Erbengemeinschaft gehen aber durchaus auch mal Jahrzehnte ins Land. In unserem Grundfall sieht man dies an der Erbengemeinschaft aus Alexander, Vera und Oliver.

Eine Chance hätte Meyer mit seiner Gesamtschuldklage allerdings dann, wenn es bereits zu einer Teilauseinandersetzung des Nachlasses gekommen wäre, denn dann könnte Anne ihm die Einrede des ungeteilten Nachlasses nicht mehr entgegenhalten. Meyer müsste in diesem Fall aber nachweisen, dass die Miterben einzelne Gegenstände schon vor der eigentlichen Auseinandersetzung aufgeteilt haben:

Alexander hatte eine Notreserve von 3.000 Euro im Tresor gelagert. Anne, David und Nina teilen diese zu gleichen Teilen unter sich auf. Sie kommen außerdem überein, dass Anne den gesamten Hausrat behalten soll, Nina Alexanders Auto erhält und David Alexanders Tauchausrüstung.

Teilauseinandersetzung

Grund einer Teilauseinandersetzung von ideellen Werten, Hausratsgegenständen, Kraftfahrzeugen oder Bargeld kann sein, dass diese nicht werthaltig oder praktisch aufzuteilen sind. Oder aber es hätte – wie z. B. bei Kraftfahrzeugen – negative Auswirkungen auf den Gegenstand, wenn die Erben die Auseinandersetzung abwarten würden. Die Miterben übernehmen die Werte als Vorschuss auf das Auseinandersetzungsguthaben oder „neben" der Auseinandersetzung.

Vorsicht

Schon eine teilweise Auseinandersetzung der Erbengemeinschaft steht der Einrede des ungeteilten Nachlasses entgegen. Seien Sie also vorsichtig damit, Nachlassgegenstände frühzeitig aufzuteilen.

Nachlassinsolvenz und Nachlassverwaltung

Ist absehbar, dass der Nachlass überschuldet ist, oder ist er so unübersichtlich, dass Sie und Ihre Miterben nicht absehen können, ob er zur Deckung der Verbindlichkeiten ausreicht, können Sie durch Einleitung eines Nachlassinsolvenz- oder Nachlassverwaltungsverfahrens verhindern, dass Gläubiger auf Ihr Privatvermögen zugreifen. Diese können ihre Forderungen dann nur noch aus dem Nachlass befriedigen. Zu bedenken ist, dass Sie mit der Einleitung der Verfahren die Verwaltung des Nachlasses automatisch an einen Nachlass(insolvenz)verwalter abgeben. Mehr dazu im 4. Kapitel unter der Überschrift „Nachlassverwaltung durch Dritte“.

WIE SIE ALS ERBLASSER ZUR STREITVERMEIDUNG BEITRAGEN KÖNNEN

Tipp
Welche Maßnahmen zur Streitvermeidung sich in Ihrem konkreten Fall besonders anbieten, hängt u. a. von den Interessen und wirtschaftlichen Verhältnissen Ihrer Erben ab. Lassen Sie sich zu möglichen Gestaltungen von einem spezialisierten Anwalt beraten!

Als Erblasser können Sie in unterschiedlicher Weise dazu beitragen, dass es zwischen Ihren Erben nicht zum Streit über die Verwaltung und Auseinandersetzung der Gemeinschaft kommt. Einige Maßnahmen wollen wir Ihnen in diesem Abschnitt vorstellen.

PROBLEMATISCHE NACHLASSWERTE IDENTIFIZIEREN

Ein erster Ansatz ist, problematische Nachlasswerte zu identifizieren und nach Möglichkeit zu Lebzeiten zu bereinigen. Wer beispielsweise von seinen Eltern Vermögenswerte erhalten und dafür Verpflichtungen übernommen hat, sollte rechtzeitig klären, ob diese auch von den eigenen Erben übernommen werden sollen. Gerade Pflegeverpflichtungen sind häufig als höchstpersönliche Leistungen der Übernehmer gegenüber den Übergebern gemeint, sollen den Erben also nicht treffen. Leider wird dies in den meisten Verträgen aber nicht klar geregelt. Es bleibt also offen, ob die Verpflichtung einfach entfallen oder z. B. durch Geldzahlung abgegolten werden soll.

Als Erblasser haben Sie es auch leichter als Ihre Erben, verschränkte Erbengemeinschaften auseinanderzusetzen, die aus juristisch nicht sauber geklärten früheren Erbfällen stammen. Selbst wenn Ihnen dies nicht möglich sein sollte, können Sie die Ihnen verfügbaren Informationen sammeln und den Erben zur Verfügung stellen. Wenn Alexander sich in unserem Grundfall bemüht hätte, die Erblage nach Helena zu klären, müssten sich Anne, David und Nina jetzt nicht mit den Erben von Vera auseinandersetzen, die von ihrer Miteigentümerstellung womöglich nichts wissen und auch nur ein geringes wirtschaftliches Interesse haben, sich an der Klärung zu beteiligen.

DAS ENTSTEHEN EINER ERBENGEMEINSCHAFT VERHINDERN

Als Erblasser können Sie außerdem dafür sorgen, dass überhaupt keine Erbengemeinschaft entsteht. Gerade Ehegatten treffen häufig die Entscheidung, sich zunächst gegenseitig zu Alleinerben des anderen einzusetzen und ihre Kinder erst beim Tod des Letztversterbenden zu bedenken („Berliner Testament"). Dahinter steht die Vorstellung, dass das gemeinsam erarbeitete Vermögen vollständig dem überlebenden Ehegatten für die Lebenshaltung und Pflege im Alter zur Verfügung stehen soll. Wenn am Ende noch etwas übrig ist, soll dies den Kindern oder aber anderen Erben zufallen. Der Vorteil dieser Gestaltung ist, dass der überlebende Ehegatte als Alleinerbe völlig frei in der Verwaltung des Nachlasses ist. Er muss vor niemandem über seine Maßnahmen Rechenschaft ablegen. Den Kindern steht lediglich der Pflichtteil zu. Dieser kann den Ehegatten finanziell natürlich erheblich belasten, gibt dem Berechtigten aber keinerlei Möglichkeiten, in die Nachlassverwaltung selbst einzugreifen. Er hat lediglich Auskunfts- und Zahlungsansprüche.

Tipp
Wollen Sie, dass Ihr selbst genutztes Haus oder Ihre selbst genutzte Eigentumswohnung gleich auf die Kinder übergeht, können Sie trotzdem sicherstellen, dass Ihr überlebender Ehepartner bis zu seinem Lebensende weiter in der Immobilie leben kann, indem Sie ihm mittels eines Vermächtnisses ein Wohn- oder Nießbrauchsrecht einräumen.

Ähnliches gilt, wenn Sie als Erblasser Ihre Kinder oder andere Personen mit Vermächtnissen bedenken: Auch Vermächtnisnehmer haben keine Möglichkeit, direkt auf den Nachlass einzuwirken, sondern müssen ihre Ansprüche gegenüber dem oder den Erben geltend machen.

Alexander hätte sich in unserem Fall auch dafür entscheiden können, Anne zur Alleinerbin zu machen und Nina und David jeweils Vermächtnisse in Höhe von jeweils einem Drittel des Reinnachlasses zuzuwenden. Wirtschaftlich hätte er auf diese Art und Weise dasselbe erreicht wie mit seinem Testament. Der Unterschied: Anne wäre in der Verfügung über den Nachlass vollkommen frei.

TEILUNGSANORDNUNGEN TREFFEN

Als Erblasser können Sie durch Verfügung von Todes wegen anordnen, wie der Nachlass unter den Miterben aufzuteilen ist (§ 2048 BGB).

Alexander errichtet das Testament aus dem Grundfall, bestimmt aber Folgendes: „Nina soll alle meine Anteile an meinem Hausgrundstück sowie meine Anteile an der nicht auseinandergesetzten Erbengemeinschaft nach Helena im Wege der reinen Teilungsanordnung erhalten, das heißt unter Anrechnung auf ihren Erbteil bzw. Ausgleichung aus ihrem sonstigen Vermögen."

Anders als bei Vermächtnissen können Sie als Erblasser mit einer Teilungsanordnung nur Diskussionen darüber verhindern, wer von mehreren Miterben einen bestimmten Nachlassgegenstand erhält. Auf die Erbquoten hat die Anordnung hingegen keinen Einfluss. Für Nina bedeutet das: Sie muss sich den Wert des Grundstücks auf ihre Erbquote anrechnen lassen. Bekommt sie mit dem Grundstück also mehr als ihr Nachlassdrittel, muss sie die Differenz an den Nachlass zahlen, den Anne und David sodann unter sich aufteilen.

Teilungsanordnungen sind selbst dann sinnvoll, wenn man nicht genau weiß, ob der bedachte Miterbe wirklich an dem zugewandten Gegenstand interessiert ist oder er sich die Ausgleichszahlung an die Miterben leisten kann. Der Bedachte ist nämlich nicht gezwungen, die Teilungsanordnung zu befolgen. Wenn Nina von ihr keinen Gebrauch macht, ist der Nachlass einschließlich der Grundstücksanteile unter den Miterben so auseinanderzusetzen, als hätte Alexander als Erblasser die Anordnung niemals getroffen.

Zur Klarstellung: Teilungsanordnungen sind Anweisungen des Erblassers für die Auseinandersetzung der Miterben. Vermächtnisse hingegen kann der Erblasser jedermann zuwenden, ob er nun Miterbe ist oder nicht. Will der Erblasser einem Miterben zusätzlich zu seinem Erbteil etwas zuwenden, spricht man von einem Vorausvermächtnis. Auf die Unterschiede dieser Gestaltungsformen und ihre Bedeutung für die Erbauseinandersetzung werden wir im 5. Kapitel zurückkommen.

AUFLAGEN MACHEN

Alexander bestimmt in seinem Testament, dass er sommers wie winters jeden Sonntag frische Blumen auf seinem Grab erwartet. Darüber hinaus sei alle fünf Jahre eine Feier zu seinem Gedächtnis durchzuführen, seine Lieblingsmusik zu hören und dem Freundeskreis seines Chores eine Spende von mindestens 15 Euro zu machen. Ferner verbietet er David, mit seinem geliebten Oldtimer zu fahren, dem er im Alter von zehn Jahren mit seinem Kinderfahrrad einen Kratzer beigebracht hat. Für Verstöße gegen seine Anweisungen sieht er eine Enterbung der betreffenden Person vor. Schließlich vermacht er Nina noch einen Betrag von 5.000 Euro und erteilt ihr gleichzeitig die Auflage, sich zeitlebens um Hauskatze Rufus zu kümmern und dieser nur Biofutter zu reichen. Falls sie dies nicht tue, solle der Tierschutzverein die 5.000 Euro erhalten.

Dass sich die Erben um die Beerdigung zu kümmern haben, ist gesetzlich geregelt, die Art und Weise der Grabpflege in den Jahren danach jedoch nicht. Keiner der Erben ist gezwungen, sich hier zu beteiligen oder gar Kosten aufzuwenden. Manche Erben möchten das Andenken des Verstorbenen in besonderem Maße ehren, andere schließen nach dem Erbfall sehr schnell mit ihm ab. Will der Erblasser seinen Erben oder Vermächtnisnehmern ein bestimmtes Tun oder Unterlassen auferlegen, z. B. Mitwirkung an der Grabpflege nach seinen Wünschen, Durchführung von Gedächtnisfeiern, Verfügungsverbote hinsichtlich bestimmter Nachlasswerte, muss er ihnen Auflagen machen. Auflagen (§§ 2192 ff. BGB) sind keine Vermächtnisse, da sie die Verpflichteten (juristisch: die Beschwerten) nur belasten, ohne einem Erben oder Dritten zugleich einen Rechtsanspruch auf einen Vermögensvorteil zuzuwenden. Vermächtnisnehmer können ihre Vermächtnisse gerichtlich einklagen. Das Gleiche gilt bei Teilungsanordnungen. Ist jemand dagegen nur durch eine Auflage begünstigt, steht ihm kein Rechtsanspruch auf den zugewandten Vorteil zu. Der Freundeskreis des Chores in unserem Beispiel kann die Spende also nicht einfordern.

Dass der Beschwerte eine Auflage vollzieht, können nur die Erben und diejenigen verlangen, die unmittelbar vom Wegfall des Beschwerten profitieren würden. Anne, Nina und David müssten in unserem Beispiel also gegen sich selbst durchsetzen, dass sie ihre eigene Auflage erfüllen – ein wenig Erfolg versprechendes Druckmittel, falls sich alle einig sind, die Grabpflege und Gedächtnisfeiern anders zu regeln oder ganz zu unterlassen. Besser wirkt da die Drohung, dass derjenige, der die Auflage nicht erfüllt, enterbt werden soll. Sollte nur Anne Alexanders Lieblingsmusik hassen und sich weigern, an der Gedächtnisfeier mitzuwirken, nur Nina den Blumenschmuck im Winter sinnlos finden und den Gärtner nicht bezahlen wollen oder David doch unerlaubt mit dem Oldtimer fahren, riskiert die jeweilige Person, nachträglich enterbt zu werden: ein erheblicher Vermögensvorteil für die anderen Miterben. Auch der Tierschutzverein könnte durchsetzen, dass Nina Kater Rufus mit Biofutter verwöhnt, weil er anderenfalls in den Genuss der 5.000 Euro kommt.

Wir haben die Beispiele bewusst überzeichnet, um Ihnen zu zeigen, dass Auflagen zwar ein wirksames Mittel für den Erblasser sein können, den Erben seinen Willen aufzuzwingen, sie aber nur bedingt zur Streitvermeidung taugen: Zum einen sind sie nur eingeschränkt gerichtlich durchsetzbar, zum anderen drängen sie die Miterben oder andere Begünstigte in eine Neider- und Überwacherrolle. Streitvermeidend wirken sie lediglich insoweit, als sie klarmachen, was der Erblasser sich wünscht.

Wenn Sie Streit unter den Erben vermeiden wollen, ist es sinnvoller, einzelne Erben durch Vermächtnisse oder Teilungsanordnungen zu belohnen in der Hoffnung, dass sie sich moralisch verpflichtet fühlen, Ihre Wünsche zu respektieren. Außerdem können die jeweils Begünstigten Teilungsanordnungen und Vermächtnisse selbst gerichtlich durchsetzen und sind nicht auf die Überwachung des Auflagenbeschwerten und ggf. Schutzenhilfe durch die Miterben angewiesen.

EINZELNE MITERBEN BELASTEN

In manchen Fällen kann es sinnvoll sein, Nachlassverbindlichkeiten wie Vermächtnisse, Pflichtteilsansprüche oder Auflagen nur einem oder mehreren bestimmten Miterben aufzubürden, insbesondere wenn Sie diese als Erblasser in Ihrer letztwilligen Verfügung besonders bedacht haben. Hierdurch wird eine gewisse Vorabauseinandersetzung des Nachlasses bewirkt, weil Sie sowohl bestimmen, wer von den Miterben den fraglichen Vermögenswert erhält, als auch, welche Belastung damit einhergeht. Die übrigen Miterben sind weder mit ihrem Erbanteil noch mit ihrem Privatvermögen für die Verbindlichkeit haftbar.

Alexander wendet Nina seine Grundstücksanteile als Vorausvermächtnis zu, bestimmt aber, dass sie im Gegenzug zeitlebens eine Leibrente von 500 Euro an Anne zu zahlen hat.

Alexander hat in diesem Fall nur Nina mit dem Vermächtnis beschwert. Anne kann die Zahlung also nicht von David beanspruchen, falls Nina ihrer Verpflichtung nicht nachkommen sollte. Nina muss Annes Vermächtnisanspruch aus ihrem Erbanteil oder ihrem Privatvermögen erfüllen.

TEILUNGSVERBOTE ANORDNEN

Tipp

Teilungsverbote sind problematische Gestaltungsmittel, die Sie nur nach eingehender Beratung wählen sollten. Häufig werden sich praktikablere Regelungen finden lassen.

Sie können in Ihrer letztwilligen Verfügung nicht nur Vorgaben für die Nachlassteilung machen, sondern auch das genaue Gegenteil bewirken, nämlich dass der Nachlass für eine gewisse Zeit als Einheit erhalten bleibt. Sie können verbieten, dass der Nachlass überhaupt aufgeteilt wird, können die Teilung in Bezug auf bestimmte Nachlassgegenstände ausschließen oder sie von bestimmten Bedingungen abhängig machen. In der Praxis gebräuchlich sind Teilungsverbote vor allem mit Blick auf Handelsgeschäfte oder Geschäftsanteile. Häufig will der Erblasser z. B. verhindern, dass über ihr Schicksal entschieden wird, bevor die Kinder volljährig sind, ein bestimmtes Alter erreicht oder eine bestimmte Ausbildung abgeschlossen haben.

TESTAMENTSVOLLSTRECKUNG ANORDNEN

Wenn die Miterben sich untereinander einig sind, können sie den Nachlass nicht nur verwalten, sondern auch abwickeln, wie sie dies wünschen. Darin, wie sie die Nachlassgegenstände verteilen, sind sie völlig frei. Sie können sich auch einvernehmlich über Teilungsanordnungen oder -verbote hinwegsetzen!

Wenn Sie als Erblasser möchten, dass die Erben Ihre Vorstellungen bei der Erbauseinandersetzung umsetzen, müssen Sie in Ihrer letztwilligen Verfügung eine Testamentsvollstreckung anordnen (§§ 2197 ff. BGB). Dabei können Sie den Testamentsvollstrecker selbst bestimmen oder vom Nachlassgericht bestimmen lassen. Es ist auch möglich, eine Testamentsvollstreckung hinsichtlich einzelner Nachlasswerte anzuordnen. Testamentsvollstrecker haben in der Regel die Aufgabe, den Nachlass nach den gesetzlichen Regeln und den Vorstellungen des Erblassers auseinanderzusetzen. Sie können aber auch über einen längeren Zeitraum eingesetzt werden, z. B. bis zum Eintritt eines bestimmten Ereignisses.

Alexander und Anne treffen in ihrem Testament auch eine Verfügung für den Fall, dass sie beide versterben sollten: Die Erbanteile von David und Nina sollen dann so lange der Testamentsvollstreckung unterliegen, bis die beiden ihre Ausbildungen abgeschlossen haben.

Dauervollstreckung

Möchten Sie, dass Firmenanteile oder Vermietungsobjekte dauerhaft von einem fachlich versierten Testamentsvollstrecker verwaltet werden, können Sie auch das anordnen. Eine Dauervollstreckung ist besonders in Konstellationen mit einem dauerhaft schwerbehinderten oder schwer pflegebedürftigen Miterben sinnvoll. Für solche Fälle wurde das Gestaltungsmodell des sogenannten Behindertentestaments entwickelt. Die Gestaltung ist komplex und soll hier nur skizziert werden.

Behindertentestament

Nehmen wir an, Nina wäre von Geburt an schwerbehindert und bedürfte dauerhaft pflegerischer Unterstützung. Alexander und Anne überlegen, wie sie verhindern können, dass sämtliche Geldmittel, die sie Nina hinterlassen werden, nur in deren Basispflege fließen.

Der Grund für Alexanders und Annes Überlegungen ist Folgender: Nina wird wahrscheinlich mangels eigenen Vermögens zeitlebens auf den Sozialstaat angewiesen sein. Da dieser nur dann einspringen soll, wenn sonst kein Geld zur Verfügung steht, wird der zuständige Sozialhilfeträger versuchen, die aufgewandten Mittel wieder einzutreiben, indem er etwa unterhaltsrechtliche, erbrechtliche oder zivilrechtliche Ansprüche des Bedürftigen im eigenen Namen geltend macht und durchsetzt.

Falls Nina Alexander und Anne also beerben sollte, würde der Sozialhilfeträger ihre Ansprüche an den jeweiligen Nachlässen auf sich überleiten und zu Geld machen. Es wäre aber auch keine Lösung, sie zu enterben, denn sie hätte dann immer noch Anspruch auf den Pflichtteil, den die Sozialbehörden auf sich überleiten und gegenüber der Erbengemeinschaft durchsetzen könnten.

Um das Problem trotz dieses Dilemmas rechtlich in den Griff zu kriegen, wurden in der Praxis für derartige Fälle verschiedene Gestaltungsmöglichkeiten entwickelt, die man unter dem Stichwort des „Behindertentestaments“ zusammenfasst. Behindertentestamente werden in der Regel so konstruiert, dass man dem behinderten Kind – hier Nina – zumindest einen Erbteil in Höhe seines Pflichtteils zuwendet und es gleichzeitig zum nicht befreiten Vorerben einsetzt. Der überlebende Elternteil oder das Geschwister – hier David – wird nicht nur als Miterbe eingesetzt, sondern zugleich als Testamentsvollstrecker des Erbanteils, den das behinderte Kind erhalten soll. Zugleich wird angeordnet, dass die fragliche Person Nacherbe nach dem behinderten Kind werden soll. Der Testamentsvollstrecker erhält die Aufgabe, einen gewissen Betrag, z. B. in Höhe der Zinserträge des Erbanteils, an das behinderte Kind auszuzahlen, und zwar zweckbestimmt für Urlaube, zusätzliche Betreuungspersonen und Geburtstagsgeschenke, zusätzliche oder alternative Therapiemaßnahmen und Hilfsmittel, Hobbys etc. Diese Summe geltend zu machen, ist Sache des behinderten Kindes selbst, sofern es geschäftsfähig ist, ansonsten seines rechtlichen Betreuers.

Die Sozialhilfeträger hielten Behindertentestamente in der Vergangenheit für sittenwidrig, da diese nur den Zweck hätten, dem Sozialstaat Geldmittel zu entziehen. Die Rechtsprechung hat sich dieser Auffassung nicht angeschlossen. Die Testierfreiheit des Erblassers habe Vorrang vor dem Interesse des Sozialstaats, seine Kosten aus dem Nachlass erstattet zu bekommen.

Vergütung des Testamentsvollstreckers

Der Testamentsvollstrecker hat Anspruch auf eine angemessene Vergütung, wenn der Erblasser dies nicht ausdrücklich ausgeschlossen hat. Die Vergütung wird nach den Besonderheiten des Erbfalls bemessen, insbesondere nach dem Wert des Nachlasses sowie der Dauer und dem Umfang der Vollstreckung. In der Praxis bedient man sich hier bestimmter Tabellen, die keinen Gesetzeswert haben, aber den Beteiligten einen Anhaltspunkt für die Höhe einer angemessenen Vergütung geben sollen. Wir haben Ihnen im Anhang dieses Buchs die wohl gebräuchlichste dieser Tabellen beigefügt: die Neue Rheinische Tabelle des Deutschen Notarvereins.

SCHIEDSKLAUSEL

In der Praxis sehr selten sind sogenannte Schiedsklauseln. Mit einer solchen Klausel können Sie Ihren Erben auferlegen, dass erbrechtliche Streitigkeiten durch ein neutrales Schiedsgericht entschieden werden sollen.

VERMÖGEN ZU LEBZEITEN ÜBERTRAGEN

Schließlich können Sie sich dafür entscheiden, mit der Verteilung Ihres Vermögens nicht bis zu Ihrem Tod zu warten, sondern es „von warmer Hand", also zu Lebzeiten, zu übertragen. Obwohl es sich um Rechtsgeschäfte unter Lebenden handelt, spricht man in diesem Zusammenhang von vorweggenommener Erbfolge. Konkret schließen Sie mit Ihren künftigen mutmaßlichen Erben sogenannte Übergabe- oder Überlassungsverträge.

Alexander schließt mit Nina einen Vertrag, nach dem sie seine Hausanteile erhält. Gleichzeitig wird Nina verpflichtet, Anne und ihm ein lebenslanges Nießbrauchsrecht einzuräumen und an David innerhalb von sechs Monaten nach seinem (Alexanders) Tod eine bestimmte Ausgleichszahlung zu leisten. Nina verzichtet in dem Vertrag außerdem auf weitere Erbansprüche, David erklärt einen Pflichtteilsverzicht.

Rechtlich gesehen handelt es sich bei dem Vertrag zwischen Alexander und Nina um eine (gemischte) Schenkung. Nina muss Anne und Alexander zwar die Nutzung des Grundstücks ermöglichen und eine Ausgleichszahlung an David leisten, im Übrigen erhält sie Alexanders Grundstücksanteile aber unentgeltlich. Ob eine solche Übertragung sinnvoll ist, muss im Einzelfall genau überprüft werden:

Nina muss wissen, welche Verpflichtungen sie genau übernimmt. Auch stellt sich die Frage, ob die Übernahme des Anwesens für sie wirklich sinnvoll ist. Schließlich gehört dieses zum Teil noch Oliver und Vera bzw. deren Nachkommen. Mit diesen muss Nina sich noch auseinandersetzen, sodass sie das Grundstück keinesfalls schon sicher hat. Außerdem sollte sie bedenken, dass sie aufgrund der Übernahme der Grundstücksanteile bis zum Tod von Alexander womöglich vorrangig dessen Pflegekosten zu tragen hat, wenn Alexanders Vermögen aufgebraucht sein sollte. Grund hierfür ist die Möglichkeit der Schenkungsrückforderung (§ 528 BGB), von der Sozialhilfeträger heute durchaus konsequent Gebrauch machen.

Alexander seinerseits muss sich darüber im Klaren sein, dass er trotz des vorbehaltenen Nutzungsrechts seine Versorgung im Alter gefährdet. Gegebenenfalls sollte er sich in Zusammenarbeit mit einem Rechtsanwalt überlegen, ob man ihn noch anders absichern könnte, etwa durch Eintragung von Altenteilsrechten, Pflegeverpflichtungen oder Rentenrechten. Auch ist der Katastrophenfall zu bedenken: Was ist, wenn Nina vor ihm stirbt, sich überschuldet oder gar ihre Anteile am Grundstück ohne seine Zustimmung an andere verschenkt oder verkauft? Für solche Fälle sehen die meisten Übergabeverträge Rückübertragungsrechte vor.

Schließlich kann der Fall eintreten, dass der Empfänger des Grundstücks sich einmal scheiden lässt. Was geschieht dann? Der Ehepartner hat zwar keine unmittelbaren Ansprüche an dem Grundstück und auch bei der Berechnung des Zugewinnausgleichs bleiben geerbte oder im Wege der vorweggenommenen Erbfolge übertragene Werte grundsätzlich außer Betracht. Wenn der Empfänger einer Immobilie aber aus anderen Gründen zugewinnausgleichspflichtig wird – etwa weil der Wert der Immobilie während der Ehe gestiegen ist –, ist die Immobilie ein bloßer Vermögenswert unter vielen, der im Wege der Zwangsversteigerung verwertet werden kann.

Wir reißen hier viele Fragen im Zusammenhang mit der vorweggenommen Erbfolge bewusst nur an. Zum einen würde eine Vertiefung den Umfang dieses Ratgebers sprengen, zum anderen sollten Sie derartige Vermögensübertragungen ohnehin niemals ohne eine ausführliche Beratung durch einen spezialisierten Juristen vornehmen. Anwälte haben es in ihrer Praxis regelmäßig mit Verträgen zu tun, in denen etwa die tatsächlichen Lasten durch die Pflegebedürftigkeit der Übergeber oder veränderte Lebensumstände der Übernehmer nicht bedacht wurden und nun alle Beteiligten vor Auslegungsproblemen und finanziellen Schwierigkeiten stehen. Ein im Prinzip gutes Mittel, um Streit zwischen den potenziellen Erben zu verhindern, kann so schnell Konflikte hervorrufen und sich damit in sein Gegenteil verkehren.

03 VERFÜGUNG ÜBER DEN MITERBENANTEIL

Als Miterbe können Sie zwar nicht über einzelne Nachlassgegenstände verfügen, Ihr Anteil an der Erbschaft hat aber trotzdem einen wirtschaftlichen Nutzen: Einerseits steht es Ihnen frei, ihn zu veräußern oder als Sicherheit einzusetzen, andererseits kann er im Wege der Zwangsvollstreckung gepfändet werden. Falls Sie Ihren Erbteil an eine Person verkaufen, die nicht zur Erbengemeinschaft gehört, haben Ihre Miterben ein Vorkaufsrecht.

GRÜNDE FÜR EINE VERFÜGUNG

Paul ist eines der vier Kinder, die Vera hinterlassen hat. Nach Alexanders Tod wird ihm klar, dass die Auseinandersetzung der Erbengemeinschaft nach Helena eine komplexe Angelegenheit ist, die nicht nur lange dauern, sondern ihn außerdem Geld und Nerven kosten wird. Ihm graut jetzt schon vor der mühsamen Kommunikation und den Streitereien innerhalb der Erbengemeinschaft. Zudem fragt er sich, ob sich der Aufwand für ihn finanziell überhaupt lohnt: Sein Erbteil ist nicht allzu groß und ohne einen Anwalt würde er sich auf die Auseinandersetzung auf keinen Fall einlassen. Am liebsten wäre ihm, wenn er sich gegen eine Entschädigung von seinem Erbe lösen könnte.

Wir hatten oben erläutert, dass sich jeder Erbe binnen sechs Wochen durch Ausschlagungserklärung von der Erbschaft befreien kann. Diese Zeitspanne ist gerade bei unübersichtlichen Nachlässen recht kurz bemessen. Realisieren Sie, wie Paul in unserem Beispiel, erst nach längerer Zeit, dass der Nachlass nicht sehr attraktiv ist, haben Sie keine Möglichkeit mehr, die Ausschlagung nachzuholen. Einzige Ausnahme: Sie stellen entgegen Ihrer bisherigen Kenntnis fest, dass der Nachlass überschuldet ist.

Wenn Sie Ihre Erbschaft nicht mehr durch Ausschlagung „loswerden" können, erwartet Sie die Aussicht, bis zur Auseinandersetzung in der Erbengemeinschaft verbleiben zu müssen, auch wenn bis dahin möglicherweise Jahre oder sogar Jahrzehnte vergehen. Dass sich viele Miterben eines unattraktiven Nachlasses in einer solchen Situation entschließen, das Problem zu ignorieren („nach mir die Sintflut"), mag verständlich sein, verschärft das Problem aber: Stirbt ein Miterbe vor der Nachlassauseinandersetzung, geht sein Erbanteil nämlich auf seine Erben über. Für diese ist die Mitwirkung an der Teilung des Nachlasses dann noch unattraktiver. Eine bessere Lösung wäre es, sich gegen eine gewisse Entschädigung von seinem Erbanteil zu trennen und ihn an ein anderes Mitglied der Erbengemeinschaft oder einen Dritten zu veräußern. Auch finanzielle Probleme können ein Grund für die Veräußerung eines Miterbenanteils sein oder dass man die Streitereien in der Erbengemeinschaft satt hat.

Die Veräußerung von Miterbenanteilen ist in der Praxis keine Seltenheit. Besonders häufig trifft man die Thematik in Vorerbschafts- und Nacherbschaftskonstellationen an.

Vor- und Nacherbschaft

Vor- und Nacherben erben nicht nebeneinander, sondern hintereinander und sind daher keine Miterben. Wir gehen auf die Konstellation im Rahmen dieses Buchs daher nur knapp der Vollständigkeit halber ein. Ein Nacherbe kann seine Rechtsstellung, die sogenannte Nacherbenanwartschaft, auf den Vorerben übertragen und diesen zum Vollerben machen. Der Vorerbe seinerseits kann sein Erbrecht auf den Nacherben übertragen, sodass dieser „vor der Zeit", vor dem Nacherbfall, das Erbe erlangt. Vorerbe und Nacherbe können auf diese Weise den Willen des Erblassers umgehen, der weder wollte, dass der Vorerbe frei über das geerbte Vermögen verfügen kann noch dass der Nacherbe sofort in den Genuss des Nachlasses kommt.

Warum sich die Nachlassauseinandersetzung zuweilen lange hinzieht, lässt sich an unserem Grundfall gut zeigen: Nicht nur David, Nina und Anne müssen sich untereinander über Alexanders eigenen Nachlass einigen, sondern sie müssen auch noch die Erbauseinandersetzung nach Helena mit Vera und Oliver bzw. deren Erben durchführen. Die Auseinandersetzung alter Erbengemeinschaften ist häufig unangenehm. In aller Regel weiß 40 Jahre seit einem Erbfall niemand mehr, wie der fragliche Nachlass genau aussah, ob früher über die Verteilung des Nachlasses gesprochen wurde und ob ggf. schon irgendwelche Vermögenswerte geflossen sind. Das Problem wird hier zudem dadurch verschärft, dass Vera in unserem Grundfall bereits verstorben ist und vier Kinder hinterlassen hat, von denen zudem eines in den USA lebt. Hier eine schnelle und kostengünstige Klärung zu erreichen, ist nahezu unmöglich. Problematisch ist auch, dass Veras Erben wirtschaftlich nur ein geringer Teil des Nachlasses nach Helena zusteht:

Helenas Vermögen beschränkte sich auf den Immobilienanteil. Das Grundstück samt Haus ist aktuell 350.000 Euro wert.

Helenas hälftiger Grundstücksanteil hat also einen Wert von 175.000 Euro. Vera hatte hieran einen Anteil von 1/8 (= 21.875 Euro), der sich nach ihrem Tod zu gleichen Teilen – also 1/32 vom Gesamtwert – auf ihre vier Kinder aufteilt. Jedes der Kinder könnte im Zuge einer Erbauseinandersetzung also lediglich ca. 5.500 Euro beanspruchen. Wenn man bedenkt, dass sich der Betrag noch dadurch schmälern wird, dass jedes Kind angesichts der unüberschaubaren Situation sicher einen Anwalt einschalten wird, sind Pauls Zweifel, ob sich der Aufwand wirklich lohnt, gut nachzuvollziehen.

VERÄUSSERUNG DES ERBANTEILS

Alexander verfügte neben seinem hälftigen Grundstücksanteil (Wert: 175.000 Euro) nach Abzug der bislang bekannten Nachlassverbindlichkeiten noch über ein Vermögen von ca. 100.000 Euro. Genauer ist das zu diesem Zeitpunkt noch nicht zu sagen. Anne, Nina und David gehen aber davon aus, dass mit keinen nennenswerten weiteren Nachlassverbindlichkeiten oder Vermögensfunden mehr zu rechnen ist. David möchte seine Anteile an beiden Erbengemeinschaften zu Geld machen.

Alexanders Nachlass ist zum jetzigen Zeitpunkt noch nicht auseinandersetzungsreif, da noch nicht sämtliche Nachlassverbindlichkeiten bekannt und berichtigt sind. Helenas Nachlass hingegen könnte auseinandergesetzt werden, da man angesichts der langen Zeit seit Helenas Tod davon ausgehen kann, dass mittlerweile alle Nachlassverbindlichkeiten bereinigt sind. Hier stellt sich aber das praktische Problem, dass die Kommunikation mit den Miterben schwierig und zeitaufwendig ist. In beiden Fällen wird die Auseinandersetzung folglich einige Zeit dauern. Es ist verständlich, dass David es deshalb vorzieht, sich von seinem Erbanteil zu trennen.

Erbschaftskauf

Er kann seinen Erbanteil tauschen, verschenken oder auch verkaufen. Der Erbschaftskauf (§§ 2373 ff. BGB) ist in der Praxis der Regelfall. Es handelt sich dabei an sich um einen normalen Kaufvertrag. Allerdings gelten ein paar Besonderheiten. Ausdrücklich im Gesetz geregelt ist u. a. die Herausgabe von Erbschaftsgegenständen, wer die Nachlassverbindlichkeiten zu tragen hat und zu wessen Vorteil der Wegfall eines Vermächtnisses, einer Auflage oder von Ausgleichungsrechten der Miterben ist.

Der Erbanteil wird in dem Zustand veräußert, in dem er sich zurzeit des Vertragsschlusses befindet, oder juristisch ausgedrückt: Gegenstand des Vertrages ist die vermögensrechtliche Stellung des Miterben in der jeweiligen Erbengemeinschaft zum Zeitpunkt der Verfügung. Hat der Erblasser dem übertragenden Erben noch ein Vorausvermächtnis zugewandt, wird dieses nicht automatisch mit verkauft. Das gleiche gilt für persönliche Gegenstände, z. B. Familienpapiere und -bilder, Briefe und Tagebücher, unabhängig von deren Wert.

Wenn Sie Ihren Erbanteil verkaufen, verlieren Sie nicht Ihre Erbenstellung an den Käufer. Auch etwaige Pflichtteilsansprüche bleiben Ihnen erhalten.

Rechtsstellung des Käufers

Wer einen Erbanteil erwirbt, wird selbst nicht Erbe! Er erhält lediglich den Anteil des Übertragenden an den einzelnen

Nachlassgegenständen, kann die Auseinandersetzung der Gemeinschaft fordern und haftet für Nachlassverbindlichkeiten, Vermächtnisse, Auflagen und Pflichtteilsansprüche. Würde David also seinen Erbanteil veräußern, bliebe der Erbschein, der ihn als Erben mit einem Erbanteil von einem Drittel ausweist, korrekt. Er würde bei der Berechnung etwaiger Pflichtteilsansprüche immer noch berücksichtigt. Auch bliebe er im Außenverhältnis Schuldner der Erbschaftssteuer, könnte sich diese aber vom Erwerber erstatten lassen.

Der Erwerber leitet seine Rechtsstellung vom verkaufenden Miterben ab. Was passiert aber, wenn aus irgendwelchen Gründen nach dem Vertragsschluss dessen Erbenstellung entfällt?

---

(1) Es wird festgestellt, dass Alexanders und Annes Testament unwirksam ist, weil Alexander bei dessen Unterzeichnung nicht geschäfts- oder einsichtsfähig war. In einem älteren Testament hatte Alexander Anne zur Alleinerbin eingesetzt.

(2) Es stellt sich heraus, dass Oliver es war, der Helena die tödliche Medikamentendosis untergeschoben und sie so getötet hat.

Im ersten Beispiel entfiele die Erbenstellung von Nina und David nach Feststellung der Unwirksamkeit des Testaments von Anfang an. Im zweiten Beispiel wäre Oliver gemäß § 2339 BGB erbunwürdig, da er Helena vorsätzlich getötet hat. Der Erwerber der Erbanteile von Nina, David oder Oliver verlöre jeweils seine Ansprüche aus dem Übertragungsvertrag. Er könnte dann den Vertrag nach den üblichen Kaufvertragsvorschriften rückabwickeln und für seine erlittenen Vermögensschäden beim Übertragenden Regress nehmen.

Preisgestaltung

Bei der Preisgestaltung muss bedacht werden, dass bislang noch nicht sämtliche Nachlassverbindlichkeiten nach Alexander bekannt sind. Außerdem tritt David mit seinem Erbanteil auch seine Haftungsanteile und letztlich die Mühen der Erbauseinandersetzung an den Erwerber ab. Dieser sollte den Erbanteil daher nur mit recht erheblichen Abschlägen auf den Verkehrswert des Erbanteils übernehmen.

In diesem Zusammenhang sind auch steuerrechtliche Besonderheiten zu beachten: Gehören zu der verkauften Erbschaft wie in unserem Grundfall Grundstücke, ist der Erwerber des Erbteils grunderwerbssteuerpflichtig, es sei denn, er wäre selbst einer der Miterben. Befänden sich in dem Erbteil Betriebsgrundstücke, wären die Erlöse aus einer entgeltlichen Übertragung des Erbteils auf den Dritten steuerpflichtig.

Form und Anzeigepflicht

Wer seinen Miterbenanteil veräußern will, muss hierüber zwingend einen notariellen Vertrag schließen. Die bloße notarielle Beglaubigung einer eigenen schriftlichen Erklärung genügt den formalen Anforderungen nicht und wäre nichtig. Der Verkäufer ist den Nachlassgläubigern gegenüber verpflichtet, den Verkauf und den Namen des Erwerbers dem Nachlassgericht anzuzeigen. Dies kann aber auch der Käufer übernehmen. Etwaige Gläubiger der Erben sollen so erfahren, dass sich durch die Übertragung die Haftungslage verändert hat. Ein Insolvenzantrag wäre ab dem Zeitpunkt des Vertragsschlusses an den Käufer zu richten und nicht mehr an den ursprünglichen Erben. Entgehen dem Gläubiger infolge einer verspäteten oder gar unterbliebenen Anzeige Rechte, macht der Verkäufer sich schadensersatzpflichtig.

Gerichtliche Genehmigung

Wollen Eltern im Namen ihrer minderjährigen Kinder über deren Miterbenanteil verfügen, benötigen sie eine familiengerichtliche Genehmigung. Dasselbe gilt für Verfügungen eines Vormunds im Namen seines Mündels. Auch Verfügungen eines Betreuers über den Erbanteil seines Betreuten erfordern eine betreuungsgerichtliche Genehmigung. Der Gesetzgeber will auf diese Weise verhindern, dass leichtfertig oder gar im Eigeninteresse Kapital von Personen verschleudert wird, deren Vermögen ein Dritter verwaltet.

Abschichtung

Die sogenannte Abschichtung ist kein Fall der Verfügung über einen Nachlassanteil sondern eine besondere Variante der Erbauseinandersetzung: Hier gibt der Miterbe seinen Anteil am Erbe auf, der dem oder den übrigen Miterben von Gesetzes wegen zuwächst. Mehr dazu ab S. 153 f.

03

VERPFÄNDUNG UND PFÄNDUNG DES ERBANTEILS

David möchte ein Haus bauen. Er bietet seiner Bank seine Erbanteile als Sicherheit an.

Die Mitgliedschaft in einer Erbengemeinschaft, ist Geld wert, insbesondere dann, wenn in ihr wie in unserem Beispiel Immobilien gebunden sind. Sie taugt daher durchaus als Sicherheit für Banken und andere Gläubiger. Da es den Miterben verwehrt ist, über einzelne Nachlassgegenstände zu verfügen, können die Gläubiger recht sicher sein, dass sich auch bewegliche Vermögenswerte wie Konten und Wertgegenstände nicht ohne Zutun der anderen Miterben in Luft auflösen. Mit der Verpfändung wird die Verfügungsbefugnis des Miterben über seinen Anteil eingeschränkt. Er bedarf hierfür zwingend der Zustimmung des Pfandgläubigers. Wenn sich im Nachlass Grundstücke befinden, kann die Verfügungsbeschränkung auch ins Grundbuch eingetragen werden. Dann können noch nicht einmal alle Miterben gemeinsam über das Grundstück verfügen, ohne dass der Gläubiger dies erfährt.

Bestattungsunternehmer Meyer hat im Gerichtsverfahren gegen Anne, David und Nina obsiegt und möchte seine Forderung in den Nachlass vollstrecken.

Nachlass- und Eigengläubiger der Miterben können in deren Anteile am Nachlass vollstrecken und diese pfänden. Während Eigengläubiger dies unmittelbar nach Anfall der Erbschaft angehen können, müssen Nachlassgläubiger wie Bestattungsunternehmer Meyer warten, bis die Erben die Erbschaft angenommen haben. Das ist in unserem Fall unproblematisch; Anne, Nina und David können die Erbschaft nicht mehr ausschlagen, da die sechswöchige Ausschlagungsfrist längst abgelaufen ist.

Befugnisse des Pfandgläubigers

Der Pfandgläubiger kann sämtliche Verwaltungs- und Verfügungsrechte ausüben, die bislang dem Inhaber des gepfändeten Anteils zustanden, und zwar unabhängig davon, ob der Erbanteil freiwillig verpfändet oder im Wege der Zwangsvollstreckung gepfändet wurde. Gleiches gilt für Auskunfts- und Rechnungslegungsansprüche des bisherigen Inhabers. Schließlich kann er auch die Auseinandersetzung der Erbengemeinschaft betreiben, um anschließend aus den frei gewordenen Nachlassgegenständen seine Forderung zu befriedigen.

VORKAUFSRECHT DER MITERBEN

Erbengemeinschaften setzen sich in aller Regel aus nahen Familienangehörigen zusammen. Man kennt sich, ist sich aber beileibe nicht immer grün. Treten aufgrund einer Erbteilsübertragung Fremde in die Gemeinschaft ein, kann dies die Unstimmigkeiten bei der Verwaltung und Auseinandersetzung noch erheblich verschärfen. Nach § 2034 Abs. 1 BGB steht den Miterben daher ein Vorkaufsrecht zu, das sie einzeln oder gemeinschaftlich sowohl dem Verkäufer als auch dem Erwerber gegenüber ausüben können.

Ein Vorkaufsrecht gibt seinem Inhaber die Möglichkeit, sich in einen fremden Kaufvertrag einzuschalten und an die Stelle des

Käufers zu treten. Übt der Vorkaufsberechtigte sein Vorkaufsrecht aus, muss der Verkäufer ihm den vom Vorkaufsrecht umfassten Gegenstand also zu denselben Bedingungen – insbesondere demselben Kaufpreis – überlassen, die mit dem eigentlichen Vertragspartner vereinbart waren.

Frist

Zwei Monate haben die Miterben Zeit, sich darüber klar zu werden, ob sie von ihrem Recht Gebrauch machen wollen. Die Frist beginnt, wenn der Verkäufer oder Käufer dem Berechtigten den Abschluss des gültigen Kaufvertrages mitteilt. Die Erklärung muss den Inhalt des Kaufvertrages zutreffend und vollständig wiedergeben. Auch der Kaufpreis muss unbedingt genannt werden. Eine Anzeige des Vertragsschlusses ist nicht erforderlich, wenn der Vorkaufsberechtigte beim Vertragsschluss mit anwesend war.

David verkauft seinen Erbanteil an einen Bekannten, ohne Nina darüber zu informieren. Nina kennt den Bekannten allerdings, kommt gut mit ihm aus und hat schon Vorgespräche mit ihm über den Aufkauf durch sie führt. Als sie ein halbes Jahr später erfährt, dass der Bekannte den Erbanteil weiterverkaufen will, kontaktiert sie ihn und beruft sich auf ihr Vorkaufsrecht.

Da Davids Bekannter kein Miterbe ist, muss er bei einem Weiterverkauf grundsätzlich kein Vorkaufsrecht fürchten. Voraussetzung ist aber, dass die Zweimonatsfrist zur Ausübung des ursprünglichen Vorkaufsrechts bereits abgelaufen ist. Das ist hier fraglich. Einerseits hat David Nina die Erbteilsübertragung nicht angezeigt, andererseits hat Nina Gespräche mit dem Käufer geführt, um den Erbteil selbst zu übernehmen. Wenn der Käufer Nina in den Gesprächen über die Verkaufsmodalitäten, insbesondere Gegenstand und Preis des Verkaufs, informiert hat, wurde die Frist in Gang gesetzt. Andernfalls könnte Nina ihr Vorkaufsrecht noch ausüben. Die Beweislast für den Inhalt des Gesprächs trägt der Erbteilskäufer.

War Nina vorkaufsberechtigt und übt sie das Recht aus, kann sie von Davids Bekanntem die Übertragung des Anteils auf sich verlangen. Sie erwirbt dann Davids Anteil zusätzlich zu ihrem eigenen. Hätte sie sich mit Anne zusammengetan, um das Vorkaufsrecht auszuüben, würde ihnen der Anteil als Gesamthänderinnen im Verhältnis ihrer Erbteile zufallen. Da ihre beiden Anteile jeweils 1/3 betragen, erhielte jede von ihnen 1/6 Anteil hinzu. Davids Bekannter hat Anspruch auf Erstattung des an David gezahlten Kaufpreises Zug um Zug gegen Übertragung des Erbanteils. Hätte David Nina über seine Pläne informiert und Nina das Vorkaufsrecht daraufhin David gegenüber ausgeübt, hätte dieser Anspruch auf Erstattung des mit seinem Bekannten vereinbarten Kaufpreises. Nina muss sich die Ausübung des Vorkaufsrechts also auch finanziell leisten können.

Es ist dem Vorkaufsberechtigten nicht möglich, die Übertragung des Erbanteils zu verhindern. Der Verkäufer muss zwar hinnehmen, einen anderen Vertragspartner zu erhalten als eigentlich geplant, hat aber immer Anspruch auf den von ihm ausgehandelten Kaufpreis.

Der Begriff des Vorkaufsrechts ist wörtlich zu nehmen. Verschenkt, verpfändet oder tauscht der Miterbe seinen Erbanteil, übereignet er ihn als Sicherheit oder wird in den Erbanteil zwangsvollstreckt, kann man dem keinen Riegel vorschieben. Gleiches gilt dann, wenn sich der Miterbe für eine gemischte Schenkung entscheidet, seinen Erbanteil also bewusst günstig verkauft. Umgehungsgeschäfte lassen sich mit dem Vorkaufsrecht aber verhindern. Falls David also einen Schenkungsvertrag mit einem Dritten schließt und mit diesem einen gewissen Kaufpreis vereinbart, der „unter der Hand" gezahlt werden soll, kann Nina dies – zumindest theoretisch – verhindern. In der Praxis wird sie natürlich ein Beweisproblem haben.

Ist das Vorkaufsrecht übertragbar?

Nina steht ein Vorkaufsrecht zu, weil sie Miterbin ist. Anders wäre es nur dann, wenn sie ihren Erbanteil selbst verkauft hätte. Das Vorkaufsrecht ist nicht auf Dritte übertragbar. Verkauft ein Miterbe seinen Erbanteil, kann der Erwerber sich nicht in Erbteilsverfügungen der anderen Miterben einmischen.

Form

Das Vorkaufsrecht ist nicht formgebunden, kann also theoretisch sogar mündlich erfolgen. In der Praxis ist es zu Beweiszwecken allerdings ratsam, die Erklärung schriftlich vorzunehmen und ihren Zugang zu beweisen, etwa indem man sie per Gerichtsvollzieher zustellen lässt oder das Schreiben in Gegenwart von Zeugen beim Vorkaufsverpflichteten einwirft.

04 DIE VERWALTUNG DES NACHLASSES

Die Erben können über Nachlassgegenstände nur gemeinschaftlich verfügen. Diese Einschränkung dient dem Schutz der Nachlassgläubiger und Miterben vor einseitigen Verfügungen einzelner Mitglieder der Erbengemeinschaft. Trotzdem sieht das Gesetz auch zahlreiche Fälle vor, in denen ein Miterbe allein oder gemeinsam mit anderen Miterben Verfügungen vornehmen kann. Ziel dieser Regelungen ist es, die Verwaltung des Nachlasses praktikabel zu halten. Nachfolgend stellen wir Ihnen die Regelungen im Detail vor, gehen auf typische Konfliktsituationen ein und zeigen auf, welche Handlungsmöglichkeiten jeweils bestehen. Thematisiert werden außerdem die Nachlassverwaltung durch Dritte und gesellschaftsrechtliche Besonderheiten.

GRUNDSÄTZLICHES

Bis zur Auseinandersetzung des Nachlasses sind viele Fragen zu klären, selbst wenn Sie und Ihre Miterben den Nachlass so schnell wie möglich auseinandersetzen wollen. Ohne zu wissen, woraus die Erbschaft überhaupt besteht und ohne zuvor die Nachlassverbindlichkeiten bereinigt zu haben, ist die Aufteilung des Nachlasses nicht möglich. Sie müssen also zunächst einmal die Nachlasswerte ermitteln und klären, ob zu Lebzeiten des Erblassers Werte abgeflossen sind, die bei der Nachlassteilung berücksichtigt werden müssen. Auch bekommen Sie es womöglich mit Gläubigern zu tun, die Information über den Nachlass begehren. Sie müssen verhindern, dass Nachlasswerte verloren gehen, etwa weil sie ungesichert herumliegen oder weil Bevollmächtigte des Erblassers unbeaufsichtigt weiter über ihre Vollmacht verfügen. Jemand muss die Wohnung des Erblassers lüften, die Heizung in der Kälteperiode anstellen oder jedenfalls das Wasser in den Rohren ablassen, den Winterdienst selbst übernehmen oder einen professionellen Dienst bestellen. Schließlich muss die Gemeinschaft entscheiden, ob sie die Immobilie selbst nutzt, vermietet, sie verkauft, ob sie Bankkonten zusammenführt, Guthaben zinsgünstig anlegt, Verträge mit Stromanbietern und Telefonfirmen kündigt etc.

Oberstes Ziel des Gesetzgebers bei der Erstellung der Regeln zur Erbengemeinschaft war der Schutz der Nachlassgläubiger und Miterben bis zur endgültigen Auseinandersetzung der Gemeinschaft. Die Mitglieder der Erbengemeinschaft sollen möglichst davor geschützt werden, dass einzelne Miterben ohne Weiteres Vermögenswerte aus dem Nachlass entfernen oder Chaos stiften können, weil sie nach eigenem Gutdünken über die Verwendung von Nachlasswerten bestimmen.

Die vom Gesetzgeber erdachten Verfügungsbeschränkungen können die Verwaltung des Nachlasses bis zu seiner Aufteilung allerdings auch erschweren, weil sich langwierige Entscheidungsprozesse innerhalb der Erbengemeinschaft häufig nicht vermeiden lassen und sich die Miterben mit ihren individuellen Interessen und Befindlichkeiten gegenseitig in ihren Verwaltungsaktivitäten in Bezug auf den Nachlass ausbremsen.

WAS BEDEUTET „VERWALTUNG"?

Alexander hat in den letzten beiden Jahren in einem Apartment eines Seniorenheims gelebt. Das Seniorenheim fordert Nina zwei Wochen nach Alexanders Tod auf, die noch offenen Mietforderungen zu begleichen und das Apartment zu räumen. Der Platz werde gebraucht. Nina sieht das ein und begleicht mit Alexanders restlichem Bargeld die Mietforderung. Sie möchte außerdem verhindern, dass für jeden Monat des Leerstands weitere Kosten anfallen. Kann bzw. sollte Nina den Mietvertrag kündigen und auf eigene Faust das Apartment räumen und Müll entsorgen?

Der Begriff der Nachlassverwaltung durch die Erbengemeinschaft ist weit zu verstehen: Er umfasst alle Maßnahmen, die auf tatsächliche oder rechtliche Erhaltung, Vermehrung, Sicherung und Nutzung des Nachlasses gerichtet sind. Wer Nachlassgegenstände in Besitz nimmt oder verwendet, sie repariert oder verändert, „verwaltet" sie ebenso wie jemand, der Kapitalanlagen umschichtet, Arbeitnehmer eines geerbten Betriebes einstellt, Mietern einer geerbten Immobilie kündigt, Rechtsstreitigkeiten des Nachlasses führt oder Nachlassverbindlichkeiten erfüllt.

Verfügungen über Nachlassgegenstände

Jede Verfügung über einen Nachlassgegenstand ist zugleich eine Verwaltungsmaßnahme. Über ein Recht oder einen Gegenstand verfügt man im juristischen Sinne, wenn man durch Veräußerung, Aufgabe, Belastung oder Inhaltsänderung unmittelbar darauf einwirkt. Über einen beweglichen

Gegenstand oder eine Immobilie verfügt man beispielsweise durch Übereignung, Auflassung, Löschungsbewilligung, Zustimmung zur Grundbuchberichtigung oder indem man einen Nachlassgegenstand im eigenen Namen übernimmt. Wer Forderungen abtritt, erlässt oder auf sie verzichtet, mit ihnen gegen eine andere Forderung aufrechnet oder eine Willenserklärung, einen Gesellschafterbeschluss oder Vergleich anficht, verfügt über Rechte. Auch wer eine Leistung annimmt, die der gesamten Erbengemeinschaft gebührt, verfügt über den Anspruch, weil dieser infolge der Annahme erlischt.

Nina hat im Rechtssinne Nachlassgegenstände verwaltet, indem sie Bargeld aus dem Nachlass zur Begleichung von Mietforderungen verwendete. Auch die von ihr beabsichtigte Kündigung des Mietvertrages, das Ausräumen der Wohnung, ja sogar das Wegwerfen von Alexanders Abfällen wären Verfügungen und damit Verwaltungsmaßnahmen.

MÜSSEN IMMER ALLE MITERBEN ZUSTIMMEN?

GEMEINSCHAFTLICHE VERWALTUNG

Die Grundregel lautet, dass die Miterben über Nachlassgegenstände nur gemeinschaftlich verfügen können (§ 2038 Abs. 1 Satz 1 BGB). Ein Miterbe kann derartige Verfügungen also nicht allein veranlassen, sondern bedarf grundsätzlich der Zustimmung aller Miterben. Das gilt auch für die Verfügung gegenüber einem Miterben. Möchten Sie also z. B. von einem Miterben Informationen erhalten, einen Gegenstand herausverlangen oder ihm gegenüber eine Kündigung aussprechen, benötigen Sie ebenfalls die Zustimmung aller anderen Erben.

Müssten die Miterben allerdings jede einzelne Maßnahme einvernehmlich beschließen, wäre eine vernünftige Verwaltung des Nachlasses kaum zu realisieren: Selbst bei Maßnahmen, an deren Durchführung alle Erben selbstverständlich interessiert sind oder die zeitnah veranlasst werden müssen, wäre ein Handeln erst möglich, nachdem alle ihr Einverständnis erklärt hätten. Bei Maßnahmen der ordnungsmäßigen Verwaltung gilt der Grundsatz der gemeinschaftlichen Verwaltung deshalb nur eingeschränkt und bei dringlichen Maßnahmen gar nicht.

Ordnungsmäßige Verwaltung

Die ordnungsmäßige (oder auch ordnungsgemäße) Verwaltung umfasst nach der Rechtsprechung alle Maßnahmen, die der Beschaffenheit des Nachlasses insgesamt – nicht einzelner Nachlassgegenstände – und dem Interesse aller Miterben nach billigem Ermessen entsprechen und den Nachlass nicht erheblich verändern. Mit anderen Worten: alle erforderlichen Maßnahmen der laufenden Verwaltung (z. B. Heizungswartung, Winterdienst, Reparatur von Notbeleuchtungen und das Bezahlen von Rechnungen). Maßstab ist, „wie ein wirtschaftlich denkender Mensch in der konkreten Situation handeln würde“, also der gesunde Menschenverstand.

Sie können davon ausgehen, dass die meisten wirtschaftlich nicht nachteiligen Verwaltungsmaßnahmen ordnungsgemäß sind.

Bei Maßnahmen der ordnungsgemäßen Verwaltung müssen zwar alle Miterben bei der Umsetzung einer Maßnahme mitwirken, es genügt jedoch, dass eine einfache Mehrheit die Maßnahme beschließt. Auch kann die Mehrheit der Miterben die Mitwirkung bei der Umsetzung notfalls gerichtlich erzwingen.

Anders als man vielleicht annehmen könnte, kommt es bei dem Mehrheitsbeschluss nicht auf die Anzahl der zustimmenden Erben an. Es wird also nicht nach Köpfen entschieden.

Entscheidend ist vielmehr die Größe der Erbteile, die sich insbesondere nach der Erbquote sowie etwaigen Vermächtnissen und Teilungsanordnungen richtet. Haben zwei Miterben gleich große Anteile, können sie nur handeln, wenn sie sich einig sind. Das ist natürlich problematisch, wenn die Miterben aus irgendeinem Grund nicht miteinander klarkommen oder gar zerstritten sind. Ein Handeln oder Unterlassen des anderen Miterben durchzusetzen, ist dann entweder nicht möglich oder sehr kostenträchtig, was zu einer unangenehmen und kaum lösbaren Pattsituation führen kann. Der einzige Ausweg besteht hier in „Gewaltmaßnahmen“ wie Teilungsversteigerungen, Erbauseinandersetzungsklagen oder schlicht dem Verzicht auf erhebliche Teile der eigenen Forderungen im Interesse einer zeitnahen Nachlassteilung.

Maßnahmen der außerordentlichen Verwaltung unterscheiden sich von denen der ordnungsgemäßen Verwaltung dadurch, dass sie nicht erforderlich oder sogar sinnlos sind und die Struktur des Nachlasses erheblich verändern. Derartige Maßnahmen müssen die Miterben zwingend alle gemeinsam beschließen. Das heißt allerdings nicht, dass die Zustimmung aller im Vorfeld der Maßnahme vorliegen muss. Auch eine Genehmigung im Nachhinein ist möglich. Ebenso wenig ist es erforderlich, die Zustimmung schriftlich oder gar notariell zu erklären: eine mündliche Erklärung reicht völlig aus. Bei wichtigen Geschäften sollten Sie sich allerdings eine schriftliche Erklärung geben lassen.

Tipp
Sie sind als Miterbe nicht verpflichtet, dem Drängen der anderen Miterben auf eine unwirtschaftliche Nutzung des Nachlasses nachzugeben. Haben Sie allerdings einmal einer Maßnahme der außerordentlichen Verwaltung zugestimmt, können Sie sich gegen deren Durchführung nicht mehr wehren. Sie können dann sogar auf Mitwirkung verklagt werden.

Die Rechtsprechung versucht, die Verwaltung der Erbengemeinschaft zu vereinfachen, indem sie den Anwendungsbereich der Mehrheitsverwaltung weiter und weiter ausdehnt. Das ist für die Praxis sicherlich angenehm, steht aber im Widerspruch zum Willen des Gesetzgebers, der ja, wie oben schon erwähnt, primär den Schutz der Mitglieder der Erbengemeinschaft im Blick hatte.

Der Grundsatz der gemeinschaftlichen Verwaltung gilt auch für Nina in unserem Beispiel. Da das Bezahlen von Rechnungen zur laufenden Verwaltung gehört, hätte es allerdings genügt, wenn sie sich die Zustimmung eines ihrer Miterben geholt hätte. Allein durfte sie nicht handeln, weil es für eine Notgeschäftsführung an der nötigen Dringlichkeit fehlte. Nur Alexanders Abfälle durfte sie entsorgen, weil diese für jedermann wertlos sind und zudem ein Hygieneproblem verursachen würden. Dass Nina in Bezug auf die Mietzahlung ihre Kompetenzen überschritten hat, bleibt für sie aber folgenlos, weil die Mietforderung ohnehin aus dem Nachlass hätte beglichen werden müssen. Anders wäre es, wenn sie z. B. mit Münzen aus einer Münzsammlung von Alexander bezahlt und damit deren Sammlerwert gemindert hätte. In diesem Fall hätte sie sich schadensersatzpflichtig gemacht. Im Übrigen hätte sie die offene Mietforderung natürlich auch aus eigenen Mitteln begleichen und dann von Anne und David Erstattung verlangen können (zur Frage des Aufwendungsersatzes später mehr).

NOTGESCHÄFTSFÜHRUNG

Nur bei besonders eiligen Maßnahmen kann ein Miterbe auch allein auf Rechnung der Erbengemeinschaft handeln (Notgeschäftsführung).

Mitten in einer Kälteperiode fällt die Heizung des Hauses aus. Anne ist der Meinung, dass die Reparatur der Heizung Sache der Erbengemeinschaft ist. Sie beauftragt ein Unternehmen, das die Heizung fachgerecht und zu angemessenem Preis repariert und seine Rechnung auch an David und Nina schickt. David möchte sie nicht bezahlen. Er ist der Meinung, dass die Rechnung allein Annes Sache sei. Diese hätte ihn und Nina zunächst fragen müssen.

Anne hat in unserem Beispiel in mehrfacher Hinsicht über Nachlassgegenstände verfügt, ohne dies mit den anderen

Miterben vorher abzusprechen: Sie hat dem Heizungsmonteur Zutritt zum Grundstück und zum Haus verschafft, sie hat ihm die Erlaubnis erteilt, Reparaturmaßnahmen an der Heizung durchzuführen und sie hat auch in wirtschaftlicher Hinsicht über den Nachlass verfügt, indem sie dem Heizungsbauer im Namen der Erbengemeinschaft einen Auftrag erteilte, aufgrund dessen dieser nunmehr eine Rechnung geschrieben hat.

Voraussetzungen

Der Gesetzgeber billigt in Ausnahmefällen jedem Miterben das Recht zu, über Nachlassgegenstände ohne Zustimmung oder gar gegen den Willen der anderen Miterben zu verfügen. Voraussetzung ist, dass es sich um eine Maßnahme der ordnungsgemäßen Verwaltung handelt, die dem gesamten Nachlass dient. Außerdem muss absehbar sein, dass der Nachlass oder einzelne Vermögenswerte aus dem Nachlass ohne sie voraussichtlich ernstlich Schaden nehmen würden. Ist man der einzige Miterbe, der von einem solchen Notfall weiß und ihn verhindern kann, ist man sogar verpflichtet, kurzfristig aktiv zu werden. Das gilt aber nur, wenn man angesichts der Höhe des Nachlasses davon ausgehen kann, seine Kosten später von der Erbengemeinschaft erstattet zu bekommen. Eigenes Vermögen muss man für die Notgeschäftsführung nämlich in aller Regel nicht aufwenden.

Abgrenzungsmerkmal Dringlichkeit

Die Abgrenzung solcher Notverwaltungsmaßnahmen von Maßnahmen der ordnungsgemäßen Verwaltung hat in der Praxis ganz erhebliche Konsequenzen, ist vom Gesetzgeber aber sehr unbefriedigend gelöst worden. Literatur und Rechtsprechung bedienen sich zur besseren Unterscheidung des Merkmals der Dringlichkeit. Die Erhaltungsmaßnahmen müssen so eilbedürftig sein, dass die Zustimmung der anderen Miterben nicht mehr rechtzeitig eingeholt werden kann. Bei unaufschiebbaren Reparaturen wie der einer Heizung mitten im Winter ist dies sicherlich zu bejahen. Ohne Reparatur der Heizung drohen Kälteschäden am gesamten Anwesen. Ferner kann ein eingefrorenes Rohrsystem zu Wasserschäden führen. Das Recht zu Notverwaltungsmaßnahmen gilt aber auch für andere dringende Reparaturmaßnahmen wie z. B. die Abdichtung des Daches, das Flicken undichter Rohre oder das Ausbessern und Ersetzen defekter Türen und Fenster. Auch die Ausübung fristgebundener Gestaltungsrechte, Verfügungen oder Verfahrenshandlungen kann eine Notverwaltungsmaßnahme sein.

Dass die Miterben auch berechtigt sind, im Falle eines Brandes die Feuerwehr zu rufen, bedarf keiner besonderen Erwähnung: Schon um das Übergreifen der Flammen auf weitere Gebäude oder Gefahren für Leib und Leben zu verhindern, wäre jedermann hierzu berechtigt. Maßnahmen zur Abwehr von Gefahren für die öffentliche Sicherheit und Ordnung (Löschen von Bränden, Reparatur des Daches, damit keine Dachziegel herabfallen, Winterdienst bei plötzlichem Wintereinbruch etc.) sind also immer dringlich. Gleiches gilt für die Abwehr von Eingriffen in den Nachlass durch Dritte und die Geltendmachung von Nachlassforderungen, wenn ansonsten deren Verlust droht (z. B. wegen Verjährung).

Nur der berechtigte Notgeschäftsführer hat eine sogenannte gesetzliche Vertretungsmacht nach außen und kann von der Erbengemeinschaft im Innenverhältnis verlangen, dass diese die Kosten übernimmt, sofern die Erhaltungsaufwendungen „vom Standpunkt eines sorgfältigen Verwalters aus“ einer ordnungsgemäßen Verwaltung entsprachen. Das war bei der von Anne veranlassten Heizungsreparatur der Fall. Die Heizung wurde fachgerecht und zu einem akzeptablen Preis repariert. Anne konnte daher im Namen beider Nachlässe handeln und die Miterben-Gesamthänder hinsichtlich des gesamten Nachlasses nach Alexander und Helena verpflichten.

Um zu vermeiden, dass er mit dem Eigenvermögen haftet, muss der handelnde Miterbe entweder im Namen der Erbengemeinschaft agieren oder die Haftung ausdrücklich auf den Nachlass beschränken. Handelt er nicht im Namen der Erbengemeinschaft, wird er persönlich berechtigt und verpflichtet, hat aber im Innenverhältnis einen Freistellungs- bzw. Aufwendungsersatzanspruch gegen die Gemeinschaft.

Dem Gläubiger kann natürlich nicht aufgebürdet werden, sich mit drei Schuldnern auseinanderzusetzen, wie der Heizungsbauer in unserem Beispiel es aus Kulanz getan hat. Insbesondere ist er nicht verpflichtet, die Rechnung aufzuteilen, sei es nach Köpfen oder gar nach den tatsächlichen Erbquoten. Sollten David und Nina die Bezahlung der Rechnung verweigern, wird er sich daher an Anne wenden und dies aufgrund der Gesamtschuldnerhaftung der Miterben völlig zu Recht. Für ihre Aufwendungen kann Anne sodann von den übrigen Miterben anteilig Ersatz verlangen. Diese müssen ihr also im Verhältnis ihrer eigenen Erbteile ihre Kosten erstatten. Ihren eigenen quotalen Anteil an den Kosten muss Anne natürlich selbst tragen.

Nützliche Maßnahmen

Maßnahmen, die lediglich nützlich sind, ermächtigen dagegen nicht zum alleinigen Handeln. Ein Miterbe kann z. B. im Rahmen der Notverwaltung nicht alleine entscheiden, ob ein Grundstück aufwendig instandgesetzt, eine zu niedrige Miete eines Mietgrundstücks angehoben oder Geld auf einem Nachlasskonto zinsgünstig umgeschichtet wird. Hierbei handelt es sich um bloße Maßnahmen der ordnungsmäßigen Verwaltung.

Wer Verantwortung übernimmt und sich auf das Notverwaltungsrecht beruft, geht ein hohes Risiko ein. Zum einen muss die Maßnahme tatsächlich eilbedürftig sein. Zum anderen mussen Umfang und Kosten der Maßnahme in einem angemessenen Verhältnis zum Wert des Nachlassgegenstandes stehen.

Nina stellt fest, dass das Dach des Anwesens dringend saniert werden muss. Sie verlangt von David, Anne, Oliver und den Erben nach Vera Vorschüsse in Höhe von deren Erbanteilen, um kurzfristig eine Fachfirma mit der vollständigen Überholung des Daches beauftragen zu können. Ein befreundeter Architekt teilt David mit, dass eine teilweise Behebung der Undichtigkeit des Daches völlig ausreichend und eine vollständige Dachsanierung mit Rücksicht auf die Kosten und die geringe Restnutzungsdauer des Gebäudes unverhältnismäßig sei (nach OLG Rostock, Urteil vom 19.12.2002, Az. 1 U 100/01).

Würde Nina die Fachfirma in der Überzeugung beauftragen, dass es sich hier um einen Fall der Notgeschäftsführung handelt, würde sie am Ende auf ihren Kosten sitzen bleiben. Selbst ein Anspruch auf Aufwendungsersatz nach dem Recht der sogenannten Geschäftsführung ohne Auftrag käme nicht in Betracht, denn dieser würde voraussetzen, dass die Maßnahme notwendig war, was hier zu verneinen ist. Vielmehr hätte eine teilweise Behebung der Undichtigkeit des Daches völlig gereicht.

EINZELNE VERWALTUNGS-MASSNAHMEN

NACHLASSGEGENSTÄNDE VERKAUFEN

Anne, David und Nina lassen den Wert des Grundstücks gutachterlich ermitteln. Nina entschließt sich, das Grundstück zum Verkehrswert zu kaufen. Anne und David sind einverstanden, Oliver und die Erben von Vera verweigern hingegen ihre Zustimmung (nach OLG Koblenz, Urteil vom 22.7.2010, Az. 5 U 505/10).

Der Verkauf von Nachlassgegenständen kann als ordnungsmäßige Verwaltungsmaßnahme mit einfacher Mehrheit beschlossen werden, wenn dies wirtschaftlich sinnvoll oder gar geboten ist. Das gilt auch für die Veräußerung eines Grundstücks, und zwar sogar dann, wenn es sich bei diesem – anders als in unserem Fall – um den einzigen werthaltigen Bestandteil des Nachlasses handelt.

Das OLG Koblenz hat in unserem Beispiel den Grundstücksverkauf genehmigt. Das überrascht zunächst, da sich die Struktur des Nachlasses natürlich erheblich verändert, wenn an die Stelle des Grundstücks der Verkaufserlös tritt. Nicht jede Maßnahme, die die Zusammensetzung des Nachlasses verändert, ist aber schon „wesentlich". Bedeutsam ist vielmehr, ob sich durch sie der Substanzwert mindert. Das ist hier nicht der Fall, da Nina das Grundstück ja zum Verkehrswert erwirbt.

Der Verkauf ist lediglich dann keine Maßnahme ordnungsgemäßer Verwaltung mehr, wenn die Nachlassgegenstände besonders prägenden Charakter haben, es sich z. B. um bedeutende Kunstgegenstände, Gebäude oder Forschungsmittel handelt. Über deren Schicksal dürften die Miterben nur gemeinschaftlich entscheiden, selbst wenn hierfür angemessene Kaufangebote vorliegen.

INSTANDSETZUNGS- UND REPARATURARBEITEN

Würde sich ohne bestimmte Instandsetzungs- und Reparaturarbeiten ein Nachlassgegenstand verschlechtern, kann die Erbengemeinschaft mit einfacher Mehrheit über deren Durchführung entscheiden, z. B. wenn durch unkontrollierten Pflanzenwuchs Gartenplatten zu Bruch zu gehen drohen, die Heizung turnusmäßig gewartet werden muss oder die Eingangstreppe einer Nachlassimmobilie nicht mehr trittsicher ist. Voraussetzung ist, dass die Maßnahme aus Nachlassmitteln bestritten werden kann. Brennt ein zum Nachlass gehörendes Haus ab, können die Erben mit einfacher Mehrheit entscheiden, ob das Haus wieder aufgebaut wird. Ein Gebäude, das deutlich vor dem Erbfall zerstört wurde, kann aber nicht mit Mehrheitsentscheidung wieder errichtet werden.

EINE NACHLASSIMMOBILIE VERMIETEN ODER VERPACHTEN

Zum Nachlass von Herrn Müller gehört auch eine Eigentumswohnung, die Müller vermietet hat. Der Mieter dieser Wohnung kündigt fristgemäß das Mietverhältnis. Obwohl einige Mitglieder der Erbengemeinschaft nach Herrn Müller die Wohnung lieber schnell verkaufen und nicht mehr neu vermieten wollen, entscheidet sich eine Mehrheit der Erben dafür, einen neuen Mietvertrag abschließen. Weil die Verkaufspreise für Immobilien gerade im Keller sind, möchten sie einen auf einige Jahre befristeten Mietvertrag abschließen, um diese Delle zu überbrücken. Im Mietvertragsformular tragen die Miterben als Vermieter die Erbengemeinschaft ein, denn sie haben gelesen, dass nur eine Erbengemeinschaft insgesamt über einzelne Nachlassgegenstände verfügen kann.

Die Neuvermietung oder -verpachtung eines bereits vermieteten Nachlassgrundstücks ist eine Maßnahme der ordnungsgemäßen Verwaltung. Hierüber muss daher nicht die gesamte Erbengemeinschaft entscheiden. Die Befürworter des Mietvertrages haben dennoch eine Unachtsamkeit begangen. Da die Erbengemeinschaft keine eigene Rechtspersönlichkeit besitzt, hätten die einzelnen Mitglieder der Erbengemeinschaft bzw. einzelne Bevollmächtigte oder jedenfalls eine Mehrheit von Mitgliedern den Vertrag als Vermieter unterzeichnen müssen. Der Vertrag ist aber trotzdem wirksam. Er wurde nur nicht „schriftlich" abgefasst. Die Folge ist, dass er nun ungewollt als auf unbestimmte Zeit geschlossen gilt (§ 550 Satz 1 BGB). Das ist natürlich unglücklich. Vermietete Immobilien sind zwar juristisch gesehen unproblematisch verkäuflich; aufgrund des Grundsatzes „Kauf bricht nicht Miete" müssten die Käufer aber ein bestehendes Mietverhältnis mit übernehmen, ohne sich sofort auf Eigenbedarf berufen und das Mietverhältnis kündigen zu können. Die Folge: Die Käufer nehmen vom Kauf Abstand oder versuchen, den Kaufpreis empfindlich zu drücken.

Erstmalige Vermietung

Fraglich ist, ob auch die erstmalige Vermietung einer bislang nicht oder – wie in unserem Grundfall – von Familienangehörigen genutzten Immobilie eine Maßnahme der ordnungsgemäßen Verwaltung ist. Mit der neueren Rechtsprechung, welche die Tendenz hat, die Fälle der ordnungsgemäßen Verwaltung auszudehnen, wird man dies bejahen können. Ganz unbedenklich ist das allerdings nicht, denn eine Vermietung stellt zwar eine wirtschaftliche Nutzung eines Hauses oder einer Wohnung dar, birgt aber auch rechtliche Schwierigkeiten und erhebliches Streitpotenzial mit den Mietern und innerhalb der Erbengemeinschaft. Bei Verpachtung gilt im Grundsatz das Gleiche.

DIE MIETWOHNUNG DES ERBLASSERS

Die Kündigung der Mietwohnung des Erblassers ist eine Maßnahme der ordnungsgemäßen Verwaltung und kann daher mit einfacher Mehrheit beschlossen werden. Allerdings kann eine Erbengemeinschaft ein Mietverhältnis nur dann kündigen, wenn es überhaupt auf sie übergegangen ist. Das ist nicht der Fall, wenn der Erblasser

- mit seinem Ehegatten oder eingetragenen Lebenspartner,
- mit seinen Kindern,
- anderen Familiengehörigen oder
- seinem Lebensgefährten oder seiner Lebensgefährtin

in der Wohnung gelebt hat. In diesem Fall treten die genannten Personen nach § 563 BGB automatisch in das Mietverhältnis ein. Sie können aber innerhalb eines Monats erklären, dass sie das Mietverhältnis nicht fortsetzen wollen; der Eintritt gilt dann als nicht erfolgt. Nur wenn niemand in das Mietverhältnis eintritt, wird der Vertrag mit den Erben fortgesetzt (§ 564 BGB). Diese haben ein einmonatiges besonderes Kündigungsrecht. Nach Ablauf des Monats gilt die gesetzliche Kündigungsfrist.

Alexander hat das Apartment in dem Seniorenheim allein bewohnt, sodass das Mietverhältnis auf die Erbengemeinschaft übergegangen ist. Nina kann über die Kündigung aber nicht allein entscheiden, sondern bedarf der Zustimmung entweder von David oder Anne, um den Mietvertrag zu beenden.

NACHLASSVERBINDLICHKEITEN ERFÜLLEN

Die Erfüllung von Nachlassverbindlichkeiten aus Mitteln des Nachlasses gehört immer dann zur ordnungsgemäßen Verwaltung, wenn ersichtlich ist, dass der Nachlass nicht überschuldet ist.

DIE FRÜCHTE DES NACHLASSES TEILEN

Jeder Miterbe hat Anspruch auf einen Anteil an den Früchten der Nachlassgegenstände, der nach seinem Erbteil zu bemessen ist. Als Frucht bezeichnet man ein Erzeugnis oder den Ertrag einer Sache oder eines Rechtes. Immobilien des Erblassers können z. B. Miete oder Pacht generieren, Geldanlagen werfen Zinsen ab, Wertpapiere Dividenden. Nutztiere geben Milch, haben Jungtiere, Obstbäume tragen Früchte und Grundstücke können Bodenschätze enthalten. Auch die Nutzung eines Nachlassgegenstandes selbst, der sogenannte Gebrauchsvorteil, gehört zu den Früchten. Hierzu später mehr.

Tipp

Wenn alle Miterben einverstanden sind, können Sie die Früchte auch schon vor der Erbauseinandersetzung aufteilen.

Die Teilung der Früchte kann nicht sofort verlangt werden, sondern ist bis zur Erbauseinandersetzung aufgeschoben, da das tatsächliche Auseinandersetzungsguthaben der Miterben bis dahin noch nicht endgültig feststeht. Teilungsreif ist ein Nachlass nämlich erst, wenn sämtliche Nachlassaktiva, Nachlassverbindlichkeiten und die wechselseitigen Ansprüche der

Miterben sicher feststehen. In Teilen der Rechtsprechung wird aber vertreten, dass jeder Miterbe zum Jahresende die Zuteilung seines Anteils verlangen kann, wenn der Erblasser die Erbauseinandersetzung für länger als ein Jahr ausgeschlossen hat. Die bloße Verzögerung der Auseinandersetzung genügt nicht.

MITWIRKUNGSPFLICHT

Jeder Miterbe ist verpflichtet, an Maßnahmen mitzuwirken, die zur ordnungsgemäßen Verwaltung des Nachlasses erforderlich sind (§ 2038 Abs. 1 Satz 2 BGB). Das schließt die Äußerung zur Maßnahme ebenso ein wie die Beteiligung an deren Ausführung. Verletzen Sie Ihre Mitwirkungspflicht, machen Sie sich ggf. schadensersatzpflichtig. Bedeutsame und konfliktträchtige Maßnahmen sollten auf einer Versammlung sämtlicher Miterben beschlossen werden.

Einladung aller Stimmberechtigten

Wollen Sie eine Entscheidung herbeiführen, müssen Sie sämtliche stimmberechtigten Miterben rechtzeitig zur Abstimmung einladen und ihnen die Tagesordnung mitteilen. Die Miterben sind auch dann stimmberechtigt, wenn sie beispielsweise aufgrund ihrer Ausgleichungspflichten nichts mehr erhalten. Einzuladen ist außerdem der Erbschaftskäufer. Sein Stimmgewicht richtet sich nach der Größe des erworbenen Erbteils.

Recht zur Anhörung

In der Versammlung müssen alle Miterben die Gelegenheit haben, sich zur Sache zu äußern, entweder selbst oder durch einen bevollmächtigten Vertreter. Nicht anwesenden Miterben ist genügend Zeit für eine Stellungnahme zu geben. Das gilt auch dann, wenn sich die Mehrheit der Miterben bereits einig ist und lediglich eine Minderheit nicht anwesend bzw. nicht einverstanden war. Erhebliche Anhörungsmängel können zur Nichtigkeit des Gemeinschaftsbeschlusses führen. Im Übrigen führen formale Fehler in Beschlüssen der Erbengemeinschaft lediglich zu Schadensersatzansprüchen, sind also nur bedeutsam, wenn der Beschluss der Erbengemeinschaft finanzielle Nachteile zugefügt hat. Der Beschluss bleibt im Übrigen aber wirksam.

Stimmverbot

Besteht bei einem Miterben ein Konflikt zwischen Eigeninteressen und seiner Pflicht zur Mitwirkung an einer ordnungsgemäßen Verwaltung, darf er sich an der Entscheidung nicht beteiligen. Ein solches Stimmverbot besteht aber nur, wenn der zu erwartende Konflikt so groß ist, dass der Miterbe seinen eigenen Interessen voraussichtlich den Vorrang vor denen der Erbengemeinschaft einräumen wird. Das Stimmrecht ist daher beispielsweise dann ausgeschlossen, wenn über die Einziehung einer Forderung entschieden werden soll, deren Schuldner der Miterbe ist. Auch darf ein Miterbe nicht an der Entscheidung beteiligt werden, ob er der Erbengemeinschaft Auskunft oder Rechenschaft abzulegen hat (§ 666 BGB). Trotz Stimmverbot abgegebene Stimmen sind nichtig.

Umsetzung beschlossener Maßnahmen

Dingliche Verfügungen über Nachlassgegenstände müssen stets einstimmig erfolgen – selbst dann, wenn die Maßnahmen, die sie erforderlich machen, wirksam mit Stimmenmehrheit beschlossen wurden: Beispielsweise können Miterben per Mehrheitsentscheidung wirksam beschließen, ein Darlehen zur Begleichung von Nachlassschulden aufzunehmen und zur Sicherung der Bank eine Grundschuld auf einem Nachlassgrundstück bestellen. Die Eintragung der Grundschuld ist aber eine dingliche Verfügung und muss einstimmig vorgenommen werden. Ein Miterbe, der sich dem Mehrheitsbeschluss widersetzt, müsste auf Mitwirkung verklagt werden! Das Urteil ersetzt seine Willenserklärung und kann von den Mehrheits-Miterben beim Grundbuchamt vorgelegt werden.

Ist nicht nur eine Willenserklärung, sondern eine Mitwirkungshandlung des im Prozess unterlegenen Miterben erforderlich, hängt die Durchsetzung des Anspruchs davon ab, ob jedermann die Handlung vornehmen kann oder ob es sich um eine sogenannte unvertretbare, also höchstpersönliche, Handlung des Miterben handelt. Vertretbare Handlungen kann der Kläger anstelle des Beklagten vornehmen (§ 887 ZPO), unvertretbare werden mittels Zwangsgeld und Zwangshaft durchgesetzt (§ 888 ZPO).

Die Mitwirkung an Maßnahmen der ordnungsgemäßen Verwaltung hat auch eine aktive Komponente. Wer besondere Kenntnisse hat oder Maßnahmen aus anderen Gründen deutlich besser und effektiver vornehmen kann als die anderen Mitglieder der Erbengemeinschaft, ist verpflichtet, diese zu veranlassen oder selbst vorzunehmen.

David wohnt einige Hundert Kilometer von seinem Elternhaus entfernt. Er ist der Meinung, dass sich Anne und Nina um die Überprüfung der Heizungsanlage und die Organisation der Beerdigung kümmern müssen, weil sie direkt vor Ort sind.

David hat Recht: Der Wohnort ist in der Tat ein Grund, warum nicht er, sondern Anne und Nina sich engagieren müssen.

AUFWENDUNGSERSATZ FÜR VERWALTUNGSMASSNAHMEN

Wer aufgrund eines Mehrheitsbeschlusses Maßnahmen durchführt und dabei Auslagen hat, kann von den Miterben verlangen, dass diese ihm als ausdrücklich Beauftragtem seine Aufwendungen erstatten. Hiervon ausgenommen ist natürlich der Anteil an den Auslagen, der dem eigenen Erbanteil entspricht.

Anne, Nina und David kommen überein, dass Anne einen Winterdienst beauftragt und diesen beaufsichtigt. Anne streckt für den Winterdienst einen Betrag von 210 Euro vor. Oliver und die Erben von Vera, die ebenfalls zur Erbengemeinschaft gehören, werden in die Entscheidung nicht einbezogen.

Anne, Nina und David handeln im Interesse sämtlicher Miteigentümer des Anwesens. Wie sich aus der Grafik ergibt, bilden sie deren deutliche Mehrheit, denn ihnen gehört neben Alexanders Grundstückshälfte außerdem 3/4 von Helenas Hälfte. Die drei können daher allein die Entscheidung über den Winterdienst treffen, ohne Oliver und die Erben von Vera zu fragen.

Eigentum am Grundstück nach Alexanders Tod

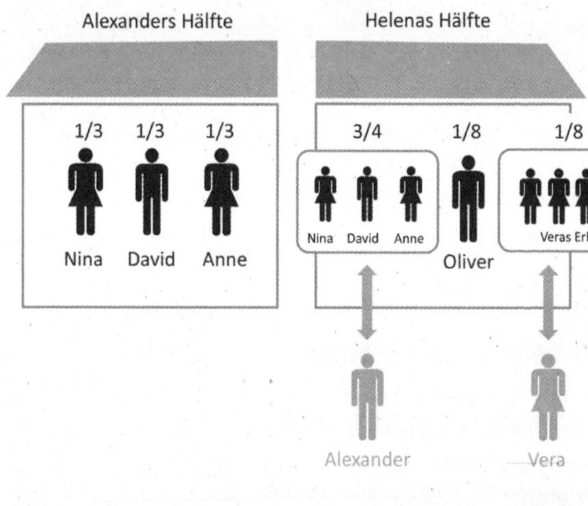

Anne würde in der Praxis aufgrund ihrer internen Absprache von Nina und David jeweils die Erstattung von 70 Euro verlangen. Streng genommen müsste Anne allerdings auch die übrigen Mitglieder der Erbengemeinschaft nach Helena mit in die Pflicht nehmen und sich von ihnen einen Teil der Aufwendungen erstatten lassen. Der Winterdienst am Grundstück ist zu gleichen Teilen Sache beider Erbengemeinschaften. 50 % der Kosten, 105 Euro, sind also von Anne, Nina und David als Erben nach Alexander zu je gleichen Teilen zu tragen. Das sind pro Person 35 Euro. Die anderen 105 Euro sind zu 75 % von Anne, David und Nina zu finanzieren (78,75 Euro) und zu 25 % von Oliver und Veras Erben (26,25 Euro). Anne kann von David und Nina folglich neben den 35 Euro jeweils weitere 26,25 Euro verlangen, womit sich der Gesamtbetrag pro Person auf 61,25 Euro beliefe. Wegen des verbleibenden Betrages müsste sie sich an die übrigen Miterben nach Helena wenden.

Man könnte in unserem Beispiel auch überlegen, ob Anne und Nina nicht verpflichtet gewesen wären, den Winterdienst selbst zu übernehmen. Schließlich wohnen die beiden ja noch im Elternhaus. Diese Ansicht wäre sicherlich dem Grunde nach vertretbar, sofern der Winterdienst keine besondere Mühe mit sich bringt. Man darf aber nicht vergessen, dass die Sicherung des Anwesens nicht allein die Pflicht von deren Bewohnern ist, sondern die aller Eigentümer des Anwesens. Es kann von Anne und Nina sicherlich nicht auf Dauer erwartet werden, dass sie den anderen Mitgliedern der Gemeinschaft diese Verkehrssicherungspflichten abnehmen, ohne dafür eine Vergütung zu erhalten. Gerade wenn wie hier Teile der Erbengemeinschaft nicht oder nur schwer greifbar sind, dürfte es am praktikabelsten sein, mittels einer Mehrheitsentscheidung einen entsprechenden Dienst zu beauftragen.

Geschäftsführung ohne Auftrag

Wer ohne ausdrücklichen Auftrag der Erbengemeinschaft in einen Nachlassgegenstand investiert, kann Ersatz seiner Aufwendungen nur nach den Regeln der sogenannten Geschäftsführung ohne Auftrag verlangen. Ein solcher Anspruch besteht aber regelmäßig nur dann, wenn eine besondere Dringlichkeit vorlag. Hätte Nina beispielsweise in der Hoffnung, das Anwesen einmal übernehmen zu können, Reparatur- und Renovierungsmaßnahmen vorgenommen, könnte sie bei der Auseinandersetzung oder bei einem Verkauf des Anwesens zumindest teilweise Ersatz ihrer Kosten beanspruchen. Jedenfalls erscheint ein Ersatzanspruch vertretbar, soweit die Aufwendungen den Wert des Grundstücks beträchtlich erhöht und gegebenenfalls den Verkaufserlös günstig beeinflusst hätten. Eine andere Ansicht vertreten allerdings Teile der Rechtsprechung: Bei einer solchen „angemaßten Eigengeschäftsführung" solle es keinen Aufwendungsersatz geben. Ersatz solle nur verlangen können, wer ernstlich an ein Notverwaltungsrecht glauben durfte. Auch hieran zeigt sich erneut, dass man sich bei Aufwendungen für den Nachlass sicher sein sollte, dass man diese auch ersetzt verlangen kann. Oft stellen solche „verlorenen Investitionen" allerdings das kleinere Übel dar, wenn sich andernfalls der Wert des Nachlasses erheblich verringert hätte.

Tipp

Niemand kann von Ihnen verlangen, dass Sie Aufwendungen aus Ihrem Privatvermögen finanzieren, wenn Ihnen Ihre Auslagen aus dem Nachlass nicht sofort wieder erstattet werden können.

Hätte Nina in unserem Beispiel weiter oben die Miete nicht mit Alexanders Bargeld beglichen, sondern aus eigener Tasche, könnte sie diese anteilig von David und Anne zu je 1/3 ersetzt verlangen. Denn die Erbengemeinschaft wäre in jedem Fall verpflichtet gewesen, die Miete zu bezahlen und hätte bei Verzögerung der Zahlung auch darauf verklagt werden können. Hier wäre also eine gewisse Dringlichkeit gegeben gewesen.

INFORMATIONEN VERSCHAFFEN UND AUSKUNFT GEBEN

NACHLASS SICHTEN UND SICHERN

Erstes Zwischenziel der Verwaltung des Nachlasses ist dessen Sichtung und Sicherung. Nur wenn die Miterben wissen, welche Nachlassgegenstände im Todeszeitpunkt vorhanden waren und wo diese verblieben sind, können sie die Nachlassverbindlichkeiten erfüllen, ihre Haftung ggf. durch Nachlassinsolvenz und -verwaltung begrenzen und Vermächtnis-

und Pflichtteilsansprüche erfüllen. Sehr häufig haben Erben keinen genauen Überblick über den Bestand des Nachlasses, sondern müssen sich diesen erst mühsam verschaffen, indem sie den Hausrat sichten, Papiere des Erblassers sortieren, ggf. Einsicht in Betreuungsakten, Grundbücher und Handelsregister nehmen und Anfragen bei Banken und Finanzbehörden stellen. Ferner haben die Erben die Möglichkeit, sich formell Sicherheit über Nachlassverbindlichkeiten zu verschaffen, indem sie die Nachlassgläubiger auffordern, ihre Forderungen innerhalb einer bestimmten Frist beim Nachlassgericht anzumelden.

VON MITERBEN AUSKUNFT VERLANGEN

David ist die Sichtung des Nachlasses zu lästig. Er ist der Meinung, dass Nina und Anne ihm mitzuteilen haben, welches Vermögen Alexander zum Todeszeitpunkt hatte und wo sich dieses nun befindet.

Miterben sind grundsätzlich nicht verpflichtet, sich untereinander Auskunft über den Nachlass zu erteilen. Jeder Miterbe hat die Möglichkeit, sich diese Informationen selbst zu verschaffen und darf dies nicht aus Bequemlichkeit auf die Miterben abwälzen. Das gilt auch für David. Allein aus dem Umstand, dass Anne und Nina seine Miterben sind, lässt sich für ihn also kein Auskunftsanspruch ableiten.

Anders sieht die Situation nach der Rechtsprechung und Literatur allerdings dann aus, wenn ein Miterbe unverschuldet über den Umfang des Nachlasses im Unklaren ist und ein anderer Miterbe unproblematisch Auskunft geben kann. Der Auskunftsanspruch ergebe sich dann aus dem allgemeinen Grundsatz von Treu und Glauben.

Zuwendungen zu Lebzeiten

Streng genommen sind die Miterben auch nicht verpflichtet, sich gegenseitig mitzuteilen, ob sie vom Erblasser zu Lebzeiten Zuwendungen erhalten haben, weil die Miterben dies theoretisch auch den Papieren des Erblassers oder dessen Bankunterlagen entnehmen könnten. Man kann sich aber trotz vollständiger Einsicht in die Unterlagen nie sicher sein, ob der Erblasser nicht einem der Miterben zu Lebzeiten Bargeld oder andere bewegliche Vermögenswerte überlassen hat oder die Übertragung einer Immobilie heimlich oder vor sehr langer Zeit erfolgt ist mit der Folge, dass sich keine Nachweise hierüber (mehr) im Nachlass befinden. Daher ist eine Auskunftsverpflichtung der Miterben hinsichtlich lebzeitiger Zuwendungen unter Bezugnahme auf den Grundsatz von Treu und Glauben gut vertretbar. Schließlich kann man keinem Miterben vorwerfen, dass ihm Dinge unbekannt sind, wenn in den Unterlagen, die ihm zugänglich sind, kein Hinweis darauf zu finden ist. Die Verpflichtung beschränkt sich in diesem Fall aber darauf mitzuteilen, ob man Zuwendungen erhalten hat und gegebenenfalls welche. Man muss den anderen Miterben nicht beweisen, dass man nichts bekommen hat.

Nachlassinventar

Während Auskunftsansprüche nur im Ausnahmefall bestehen, sind die Miterben stets verpflichtet, einander bei der Errichtung eines Nachlassinventars (§§ 1993 ff. BGB) zu unterstützen. Es handelt sich um eine Maßnahme der ordnungsgemäßen Verwaltung. Das Nachlassinventar ist gegenüber dem Nachlassgericht abzugeben. Mit korrekter Inventarisierung des Nachlasses wird im Verhältnis zwischen den Erben und Nachlassgläubigern vermutet, dass zurzeit des Erbfalls neben den angegebenen Nachlassgegenständen keine weiteren Nachlassgegenstände vorhanden waren (§ 2009 BGB). Ab diesem Zeitpunkt können die Gläubiger den Miterben also nicht mehr unterstellen, Nachlasswerte beiseite geschafft zu haben. Die Errichtung eines Nachlassinventars ist ein sinnvolles Mittel der Nachlassverwaltung, auch zur Vorbereitung einer möglichen Nachlassinsolvenz, wird in der Praxis aber meist unterlassen.

Wenn sich dann herausstellt, dass der Nachlass zur Deckung der Nachlassverbindlichkeiten nicht ausreicht, muss womöglich Monate und Jahre nach dem Erbfall der Vermögensbestand zum Todeszeitpunkt mühsam rekonstruiert werden.

VON HAUSGENOSSEN UND DEM ERBSCHAFTSBESITZER AUSKUNFT VERLANGEN

Was ist aber, wenn sich der Nachlass im Todeszeitpunkt oder im Anschluss daran im Besitz anderer Miterben oder fremder Personen – z. B. dem Lebensgefährten oder Mitbewohner des Erblassers – befindet, so wie in unserem Fall? Nina und Anne haben mit Alexander bei dessen Tod unter einem Dach gelebt. Sie wissen daher besser als David, welche Gegenstände sich im Nachlass befunden haben und ob diese tatsächlich noch da sind. Das gilt in jedem Fall für Anne, die Alexanders Wohnung geteilt hat und in deren unmittelbaren Besitz die meisten Nachlassgegenstände übergegangen sind. Aber auch Nina hatte als Mitbewohnerin des Anwesens trotz eigener Wohnung unmittelbaren Zugriff auf bestimmte Nachlasswerte, z. B. Gartengeräte und Gegenstände im Eingangs- und Außenbereich.

Auskunft von Hausgenossen

David kann deshalb von beiden Auskunft über den Nachlass verlangen. Ninas und Annes Auskunftspflicht ergibt sich aus § 2028 BGB, da sie mit Alexander in häuslicher Gemeinschaft lebten und damit sogenannte Hausgenossen des Erblassers waren. Hausgenossen müssen den anderen Miterben Auskunft über Bestand und Verbleib des Nachlasses erteilen.

Auskunft vom Erbschaftsbesitzer

Auch Erbschaftsbesitzer sind in diesem Umfang auskunftsverpflichtet (§ 2027 BGB). Erbschaftsbesitzer sind Personen, die sich hinsichtlich der Gegenstände ein Erbrecht anmaßen, das ihnen in Wirklichkeit nicht zusteht. Erbschaftsbesitzer gehören meist nicht zum Kreis der Miterben, ausgeschlossen ist dies aber nicht. Beispielsweise kann es sein, dass sich ein Miterbe in den Besitz des Nachlasses bringt, weil er sich für den Alleinerben hält.

Umfang der Auskunftspflicht

Der Auskunftsanspruch erstreckt sich nur auf die Gegenstände, die sich wirklich im Besitz des Auskunftsverpflichteten befanden. Der Umfang der Auskunft, die David von Nina verlangen kann, hält sich daher wohl sehr in Grenzen. Auch Anne ist nicht etwa umfassend zur Auskunft über Alexanders Vermögenswerte verpflichtet, nur weil sie mit ihm in einer Wohnung lebte. David kann also nicht die gesamte Sichtung des Nachlasses auf seine Miterbinnen abwälzen.

Der Erbschaftsbesitzer muss ein übersichtliches Verzeichnis über den ihm allein zugänglichen Nachlass zum Todestag und dessen aktuellen Stand vorlegen. Anzugeben sind jeweils auch vermeintlich wertlose Nachlassgegenstände, auch wenn die anderen Erben womöglich vordringlich an Geld und anderen werthaltigen Nachlassgegenständen interessiert sind. Häufig entbrennen die heftigsten Auseinandersetzungen um ideelle Werte, etwa bestimmte Erinnerungsstücke. Die Auskunft ist erst dann erteilt, wenn sie richtig und vollständig ist, der Verpflichtete also zu weiteren Informationen nicht im Stande ist. Haben die Miterben Grund zu der Annahme, dass das Verzeichnis nicht hinreichend sorgfältig ausgefüllt wurde oder gar mutwillig falsch errichtet ist, muss der Verpflichtete Richtigkeit und Vollständigkeit des Verzeichnisses an Eides statt versichern.

Sind bestimmte Werte und Gegenstände nicht mehr im Nachlass vorhanden oder unauffindbar, ist ihr Verbleib zu erklären. In diesem Fall erweitert sich die Auskunftspflicht zu einer Rechnungslegungspflicht, die den Auskunftspflichtigen auch zur Vorlage von Belegen verpflichtet.

Auskunfts- und rechenschaftspflichtig ist auch ein Miterbe, der im Auftrag der Erbengemeinschaft die Verwaltung des Nachlasses übernommen oder sich ohne gültige Vollmacht eine solche Verwaltungsbefugnis angemaßt hat. Wer für die Erbengemeinschaft auf diese Art Verantwortung übernimmt, sollte dringend sorgfältig Buch führen und Belege über seine Tätigkeit sammeln, um sich nicht angreifbar und ggf. ohne Not schadensersatzpflichtig zu machen.

Tipp

Sollten Sie die Wahl haben, nehmen Sie den Nachlass lieber nicht in Besitz und beteiligen Sie die übrigen Miterben an der Sichtung des Nachlasses. Wenn Sie sich schon allein die Mühe machen und absehen können, dass die anderen Miterben sich überhaupt nicht engagieren, sorgen Sie jedenfalls dafür, dass Sie sich nicht doppelte Arbeit machen: Bereiten Sie zeitgleich die Auskunftserteilung vor und schützen Sie sich gegen abwegige Forderungen Ihrer Miterben, indem Sie Zeugen hinzuziehen und reichlich Fotos vom Ursprungszustand der Wohnung und des Nachlasses machen.

Auskunftsansprüche erfüllen zu müssen, ist aufwendig und auch in juristischer Hinsicht unangenehm. Eine formal und inhaltlich einwandfreie Auskunft zu erteilen ist schwierig und man macht es gerade in sehr konfliktträchtigen Erbengemeinschaften Querulanten recht leicht, Prozesse vom Zaun zu brechen, obendrein mit recht guten Erfolgsaussichten.

Vermögensentwicklung zu Lebzeiten

Erbschaftsbesitzer und Hausgenossen sind in jedem Fall nicht verpflichtet, Auskunft über die Vermögensentwicklung vor dem Tod des Erblassers zu erteilen. Diese zu ermitteln und auf Unregelmäßigkeiten zu untersuchen ist Sache aller Erben gemeinsam. Allerdings ist es in der Praxis häufig so, dass der Nachlass von einem Miterben in Besitz genommen wird, der sich auch schon zu Lebzeiten um den Erblasser gekümmert hat. War dieser nicht nur unterstützend für den Erblasser tätig, sondern hatte die Vermögensverwaltung komplett übernommen, ist er allen Miterben gegenüber zur Rechenschaft und Belegvorlage verpflichtet.

Auskunft „an alle Erben" erteilen

In der Praxis stehen sich häufig zwei Fraktionen von Miterben gegenüber, die jeweils ihre „Wortführer" haben. Macht ein solcher Bevollmächtigter die Auskunftsansprüche geltend, ist die Auskunftserteilung recht einfach. Was aber, wenn der Fall schwieriger liegt und sich mehrere Miterben jeweils untereinander zerstritten gegenüberstehen? Der praktikabelste Weg ist, die Auskunft einfach in Kopie jedem einzelnen Miterben zur Verfügung zu stellen. Streng genommen erteilt man damit aber die Auskunft mehrfach. Juristisch (über)korrekt wäre es daher, das Schriftstück mit der Auskunft bei Gericht zu hinterlegen und dadurch seine Verpflichtung zu erfüllen. Dieser Weg steht jedem Schuldner offen, dessen Gläubiger die angebotene Leistung nicht annimmt oder der sich nicht sicher sein kann, wer von mehreren Personen zur Einziehung der Forderung berechtigt ist. Einen Hinterlegungsantrag zu stellen ist aber tatsächlich sinnvoll, wenn man sich schlicht nicht sicher ist, wer zum Kreis der Erben gehört und sich Streitereien mit mehreren möglichen Anspruchsinhabern ersparen will.

PFLICHTTEILSBERECHTIGTEN AUSKUNFT GEBEN

Hat der Erblasser durch ein Testament eine pflichtteilsberechtigte Person von der Erbschaft ausgeschlossen, hat diese gegen die Miterben insgesamt einen Auskunftsanspruch (§ 2314 BGB). Diese müssen ein sogenanntes qualifiziertes Nachlassverzeichnis vorlegen: eine richtige, vollständige und übersichtliche Tabelle mit den Nachlassaktiva und -passiva zum Todeszeitpunkt. Das Verzeichnis muss nicht zwingend unterschrieben sein, es muss lediglich klar sein, von wem es stammt. Die Vorlage von Belegen kann nicht verlangt werden. Umgekehrt genügt es nicht, dem Berechtigten einfach eine unsortierte Sammlung von Belegen zum Selbersuchen zu übersenden. Hat der Auskunftsberechtigte begründete Zweifel an der Richtigkeit und Vollständigkeit der Auskunft, kann er von den Verpflichteten verlangen, diese an Eides statt zu versichern. Eine falsche Versicherung an Eides statt wird mit Freiheitsstrafe bis zu drei Jahren oder mit Geldstrafe bestraft (§ 156 StGB).

Der Wert von Sachvermögen ist durch Gutachten zu ermitteln. Bei Hausratsgegenständen wird hierauf allerdings meist verzichtet. Regelmäßig gutachterlich ermittelt wird der Wert von Grundstücken, Gesellschaftsanteilen und Eigentumswohnungen. Bei Grundstücken wird häufig zunächst eine ortsgerichtliche Grundstücksschätzung eingeholt, da diese im Vergleich zu Sachverständigengutachten sehr preiswert ist. In der Praxis dienen solche Schätzungsurkunden tatsächlich häufig als Basis für die Pflichtteilsberechnung, da die Gutachtenkosten als Nachlassverbindlichkeiten mittelbar auch den Pflichtteil mindern. Den Anforderungen des Gesetzes genügen Schätzungen indes nicht. Die Miterben müssen sich also darauf einstellen, dass noch ein „echtes" Gutachten durch den Gutachterausschuss des zuständigen Amtes für Bodenmanagement oder einen Sachverständigen erforderlich ist.

NACHLASSGEGENSTÄNDE NUTZEN

Anne und Nina wollen weiter wie bisher im Anwesen leben: Anne in den Räumen, die sie schon mit Alexander bewohnt hat und Nina in ihrer Einliegerwohnung. Oliver und David sind hiermit nicht einverstanden. Veras Erben halten sich aus der Diskussion heraus.

Bei der Nutzung von Nachlassgegenständen geht es aus rechtlicher Sicht um die Gebrauchsvorteile an diesen Gegenständen. Wir hatten das oben bei den Früchten des Nachlasses bereits erwähnt. Es gilt: Jeder Miterbe ist zum Gebrauch eines gemeinschaftlichen Gegenstandes insoweit befugt, als der Mitgebrauch durch die übrigen Erben nicht beeinträchtigt wird.

Anne und Nina beeinträchtigen dadurch, dass sie das Haus weiter bewohnen, offensichtlich die übrigen Miterben, da diese nicht gleichzeitig das Haus nach Gutdünken nutzen können. Da die Ausübung des Besitzes an Nachlassgegenständen, die Regelung ihrer Benutzung oder ihre tatsächliche Nutzung eine Frage der ordnungsgemäßen Verwaltung ist, genügt diesbezüglich allerdings eine Mehrheitsentscheidung. Es ist also zu klären, ob Anne und Nina gemeinsam die Mehrheit in dieser Frage bilden.

Sie sind insgesamt zu 2/3 Miterben nach Alexander, haben hinsichtlich seiner Grundstückshälfte also die Mehrheit. Von Helenas Grundstückshälfte steht ihnen zwar nicht der überwiegende Teil zu, sondern nur die Hälfte, hinsichtlich des Gesamtgrundstücks haben sie aber das Übergewicht der Stimmen. Sie können daher entscheiden, dass das Grundstück weiter genutzt wird wie bisher. Allerdings müssen sie damit rechnen, dass sie der Erbengemeinschaft eine angemessene Nutzungsentschädigung für die Gebrauchsüberlassung zahlen müssen. Die beiden könnten auch nicht durch Mehrheitsbeschluss eine gegenteilige Entscheidung treffen, denn das wäre eine unwirtschaftliche und damit nicht mehr ordnungsgemäße Verwaltungsmaßnahme, welche die Zustimmung aller Miterben erfordert.

Oliver ärgert sich über Annes und Ninas Verhalten. Er verlangt von David, Nina und Anne zu Händen der Erbengemeinschaft Schadensersatz für deren und Alexanders jahrzehntelanges mietfreies Wohnen in der gemeinsamen Immobilie seit Helenas Tod. Veras Erben halten sich auch aus dieser Diskussion heraus. Sind Olivers Ansprüche begründet?

Oliver und Vera hätten in der Tat seit Helenas Tod Anspruch auf den Gebrauch des Grundstücks gehabt. Geltend gemacht haben sie aber weder das eine noch das andere. Übt ein Teilhaber sein Gebrauchsrecht nicht aus, sind die anderen Teilhaber nicht verpflichtet, ihres einzuschränken. Alexander, Anne, Nina und David haben also nichts falsch gemacht, indem sie jahrzehntelang in dem Anwesen wohnten. Sie wären jedoch verpflichtet gewesen, zu Händen der Erbengemeinschaft eine angemessene Nutzungsentschädigung zu zahlen, wenn Oliver und Vera dies verlangt hätten. Obergrenze ist die ortsübliche Kaltmiete, die in einem Prozess ggf. durch Sachverständigengutachten oder richterliche Schätzung zu ermitteln wäre. Heizung, Strom und alle anderen verbrauchsabhängigen Kosten sind ohnehin Sache der Bewohner und nicht der Erbengemeinschaft. Einzige Ausnahme: ein Minimalbetrag für Maßnahmen gegen das Einfrieren der Rohre, die Durchführung von Hausbesichtigungen von Kaufinteressenten oder zur Verkehrssicherung des Grundstücks. In unserem Beispiel wurde die Nutzungsentschädigung aber nie gefordert. Für die Vergangenheit haben Nina und Anne daher Glück: Sie müssen keinerlei Nutzungsentschädigung nachzahlen. Rückwirkend kann man Nutzungsentschädigungsansprüche nämlich nur geltend machen, um Ansprüche auf Beteiligung an den Grundstückslasten abzuwehren. Würden Nina und Anne der Erbengemeinschaft z. B. anteilig in Rechnung stellen, was sie an Grundsteuer und Erschließungskosten bezahlt haben, könnte hiergegen eingewandt werden, dass sie seit Längerem ohne Nutzungsentschädigung in dem Anwesen leben.

Und was gilt für die Zukunft? Noch befindet sich das Grundstück ja im Eigentum der beiden Erbengemeinschaften. Oliver und Veras Erben sind aber in der Unterzahl, da ihre Anteile selbst dann, wenn David sich ihrer Forderung noch anschlösse, geringer sind als die von Anne und Nina. Könnte Oliver die Ansprüche womöglich allein geltend machen? Die Frage beantworten wir im nächsten Abschnitt.

NACHLASSFORDERUNGEN GELTEND MACHEN

Ansprüche, die zum Nachlass gehören, können gemäß § 2039 BGB durch einen Miterben allein oder eine Minderheit von Miterben geltend gemacht und auch gerichtlich durchgesetzt werden. Das gilt sowohl für schuldrechtliche Ansprüche als auch für öffentlich-rechtliche Ansprüche (z. B. Restitutions-

und Kostenerstattungsansprüche gegen die öffentliche Hand oder Witwenrentenansprüche der verstorbenen Mutter). Entscheidend ist, dass die Erbengemeinschaft Rechtsträgerin des Anspruchs ist. Das ist der Fall, wenn

- schon der Erblasser die Ansprüche theoretisch hätte durchsetzen können, etwa weil er jemandem ein Darlehen gegeben hat oder er Mietzahlungen oder Schadensersatz von jemandem fordern konnte, oder
- sich die Ansprüche aus Nachlasswerten ableiten. Mietverträge beispielsweise enden nicht mit dem Tod des Vermieters, sondern werden mit den Erben weitergeführt; an diese ist sodann die Miete zu zahlen.

Wenn eine Immobilie auf eine Erbengemeinschaft übergeht und einzelne Mitglieder der Gemeinschaft in ihr wohnen, stehen der Gemeinschaft Nutzungsentschädigungsansprüche zu. Oliver könnte also durchaus allein für die Zukunft Nutzungsentschädigung von Anne und Nina fordern. Dass die beiden selbst Mitglieder der Erbengemeinschaft sind, steht dem weder entgegen noch haben Anne und Nina die Möglichkeit, sich gegen die Forderung zu wehren. Allerdings kann Oliver nur Zahlung an die Erbengemeinschaft insgesamt verlangen, z. B. auf ein noch bestehendes Nachlasskonto oder zu treuen Händen auf das Konto eines beteiligten Anwalts. Käme er auf die Idee, nur seinen Anteil an einer Nutzungsentschädigung geltend zu machen und würde er dabei seine eigene Bankverbindung als Zielkonto angeben, wäre das eine unzulässige Verfügung über einen einzelnen Nachlassgegenstand. Die Entschädigungsansprüche aufzuteilen, ist Sache der Erbengemeinschaft.

Klage

Falls Anne und Nina die von Oliver geltend gemachten Ansprüche nicht erfüllen, kann Oliver die beiden im eigenen Namen für die Erbengemeinschaft verklagen. Die Kosten seines Anwalts muss Oliver selbst tragen und die Gerichtskosten muss er ebenfalls vorstrecken. Verfügt er nur über ein geringes Einkommen und Vermögen, kann er Prozesskostenhilfe beantragen, die die Kosten seines eigenen Anwalts und den Gerichtskostenvorschuss abdeckt. Maßgeblich für die Gewährung von Prozesskostenhilfe sind nur Olivers eigene Verhältnisse, nicht die der gesamten Erbengemeinschaft oder der anderen Miterben. Dieser Umstand mag findige Miterben auf die Idee bringen, einen vermögenslosen Miterben als Kläger vorzuschieben, statt selbst einen Rechtsanwalt zu beauftragen und zu bezahlen. Falls das Gericht hiervon Wind bekommt, wird es dem Antragsteller die Prozesskostenhilfe aber wegen sittenwidrigen Umgehungsversuchs verweigern.

Vorsicht

Ob Sie nun mit Prozesskostenhilfe oder vollständig auf eigene Kosten für die Erbengemeinschaft klagen: Sie gehen ein erhebliches Kostenrisiko ein. Falls Ihre Klage Erfolg hat, bekommen Sie zwar Ihre Kosten vom unterlegenen Schuldner erstattet, falls Sie verlieren, müssen Sie aber zusätzlich zu Ihren eigenen Kosten auch noch die des obsiegenden Beklagten tragen. Die Erbengemeinschaft muss sich an diesen Kosten nicht beteiligen.

EINEN MITERBEN MIT DER NACHLASSVERWALTUNG BEVOLLMÄCHTIGEN

Es erleichtert die Verwaltung erheblich, wenn die Erbengemeinschaft jemanden aus ihrer Mitte oder einen Dritten zu Verfügungen über den Nachlass ausdrücklich bevollmächtigt. Dies gilt umso mehr, wenn einzelne Mitglieder der Erbengemeinschaft sich ihre Zeit flexibler einteilen können als andere oder in der Nähe der zu verwaltenden Nachlassgegenstände wohnen. Die Übertragung der Verwaltung auf einen oder einzelne Miterben oder einen Dritten ist ihrerseits eine Maßnahme der ordnungsgemäßen Verwaltung und kann daher mit Stimmenmehrheit beschlossen werden. Die Erteilung einer Vollmacht setzt natürlich voraus, dass die Erbengemeinschaft der bevollmächtigten Person ein gewisses Grundvertrauen entgegenbringt.

Dass die Vollmacht für den Bevollmächtigen kein Freibrief ist, sich zu bereichern oder in anderer Weise gegen die Interessen der Miterben zu handeln, versteht sich von selbst. Was Sie als Bevollmächtigter allerdings auch bedenken müssen: Wenn Sie die Vollmacht einsetzen, machen Sie sich gegenüber der Erbengemeinschaft stets rechenschaftspflichtig. Sie haben also ein Interesse daran, bedeutsame Entscheidungen zuvor mit den Miterben abzusprechen und deren ausdrückliche Zustimmung einzuholen.

Auch können Sie aus dem Umstand der Bevollmächtigung keinen Vergütungsanspruch ableiten. Sie haben allenfalls einen Anspruch auf Erstattung konkret nachgewiesener Aufwendungen wie Fahrtkosten und Porto. Wenn Sie als Vollmachtnehmer für die aufgewandte Zeit und Arbeitsleistung von Ihren Miterben entschädigt werden wollen, müssen Sie auf einer Vergütungsvereinbarung bestehen.

NACHLASSVERWALTUNG DURCH DRITTE

Nicht in jedem Fall sind die Erben für die Verwaltung des Nachlasses zuständig. Diese kann ihnen von Anfang an entzogen sein oder zu einem späteren Zeitpunkt entzogen werden.

NACHLASSINSOLVENZVERFAHREN

Als Herr Müller stirbt, hinterlässt er eine kaum abbezahlte Eigentumswohnung und weitere Schulden. Beerbt wird er von seinen beiden Kindern, die davon ausgehen, dass der Nachlass geringfügig überschuldet ist. Sie schlagen das Erbe dennoch nicht aus, weil sich im Nachlass einige Äcker befinden, die dem Vernehmen nach in einigen Jahren zu Bauland werden sollen. Als sich in den Folgemonaten die Rechnungen von Nachlassgläubigern häufen, müssen sie aber einsehen, dass sich der Nachlass für sie nicht mehr rechnet.

Die Begleichung der Nachlassverbindlichkeiten ist Sache der Erben. Wenn diese am Nachlass kein Interesse mehr haben, weil sie feststellen, dass offene Forderungen und Schulden das Nachlassvermögen (zu deutlich) übersteigen, können sie die Verwaltung des Nachlasses durch Antrag beim Nachlassgericht einem Nachlassinsolvenzverwalter überlassen, der das vorhandene Aktivvermögen des Erblassers korrekt auf die Gläubiger verteilt. Für die Erben hat das Verfahren den großen Vorteil, dass sie den Zugriff der Nachlassgläubiger auf ihr Eigenvermögen verhindern.

Das Nachlassinsolvenzverfahren funktioniert im Prinzip wie ein Privatinsolvenzverfahren: Wenn Sie als Erbe oder Mitglied der Erbengemeinschaft von der Überschuldung des Nachlasses erfahren, müssen Sie unverzüglich die Eröffnung des Nachlassinsolvenzverfahrens beantragen. Tun Sie dies nicht, haben Sie den Gläubigern den daraus entstehenden Schaden zu ersetzen. Ist noch nicht klar, ob wirklich Zahlungsunfähigkeit vorliegt, besteht keine Antragspflicht. Sie sollten sich aber möglichst umfassend über den Nachlass und etwaige Nachlassverbindlichkeiten informieren, denn sonst leiten Sie das Insolvenzverfahren aufgrund Ihrer Unkenntnis in Bezug auf die Zahlungsunfähigkeit womöglich zu spät oder gar nicht ein und machen sich damit ebenfalls schadensersatzpflichtig.

Verweigern Ihnen einzelne Miterben beispielsweise die Einsichtnahme in Konten und Unterlagen des Erblassers, sollten Sie sich nicht lange vertrösten lassen und die Mitwirkung an der Informationsgewinnung notfalls gerichtlich einklagen und durchsetzen. Eine Klage ist nur dann nicht erforderlich, wenn Sie sicher sind, dass der Nachlass positiv ist.

Hat nur ein Miterbe Kenntnis von der Überschuldung und ist eine Abstimmung mit den anderen nicht möglich, stellt sich die Frage, ob er verpflichtet ist, das Verfahren in Ausübung seines Notverwaltungsrechts einzuleiten. Immerhin muss er

Tipp
Wenn Sie feststellen, dass die Zahlungsverbindlichkeiten den Nachlass übersteigen und der Nachlass dauerhaft außerstande sein wird, die fälligen Verbindlichkeiten zu erfüllen, sollten Sie sich möglichst schnell mit den anderen Erben kurzschließen und falls dies nicht möglich sein sollte, selbst ein Nachlassinsolvenzverfahren einleiten.

in dieser Situation befürchten, seine Auslagen nicht erstattet zu bekommen. Trotzdem gibt es ein gutes Argument für ihn, es doch zu tun: Er verhindert den Zugriff der Nachlassgläubiger auf sein Eigenvermögen.

Mit der Eröffnung des Nachlassinsolvenzverfahrens geht das Verwaltungs- und Verfügungsrecht über die Insolvenzmasse, also über den Nachlass, von den Erben auf den Insolvenzverwalter über.

Ist der Nachlass zu gering, um die gesetzlich festgelegten Kosten des Insolvenzverwalters und die Gerichtsgebühren zu decken, wird das Gericht die Einleitung des Insolvenzverfahrens mangels Masse ablehnen. Die Erbengemeinschaft kann dann die sogenannte Dürftigkeitseinrede erheben, die ebenfalls verhindert, dass Nachlassgläubiger in das jeweilige Eigenvermögen vollstrecken. Die Erbengemeinschaft muss den Nachlass zum Zwecke der Befriedigung der Nachlassgläubiger im Wege der Zwangsvollstreckung herausgeben. Sie kann ihrer Verpflichtung nachkommen, indem sie die Nachlassgegenstände an alle Gläubiger gemeinschaftlich herausgibt, besser: sie bei Gericht hinterlegt und sich ggf. der sofortigen Zwangsvollstreckung in die Nachlassgegenstände unterwirft.

NACHLASSVERWALTUNGSVERFAHREN

Ähnlich wie bei der Nachlassinsolvenz überträgt das Nachlassgericht auch bei Anordnung der Nachlassverwaltung die Verwaltungsbefugnisse der Erben auf einen Dritten, in diesem Fall den Nachlassverwalter. Mit „Nachlassverwaltung" ist in diesem Zusammenhang etwas anderes gemeint als die Geschäftsführung der Erben über den Nachlass. Die Nachlassverwaltung nach § 1975 BGB dient vielmehr dazu, die Nachlassgläubiger zu befriedigen, wenn der Nachlass voraussichtlich zureichend, aber unübersichtlich ist. Außerdem verhindert sie den Zugriff der Nachlassgläubiger auf das Eigenvermögen der Erben, beschränkt deren Haftung also auf den Nachlass.

Nachlassgläubiger als Antragsteller

Zur Nachlassverwaltung kann es kommen, wenn einer oder mehrere Nachlassgläubiger sie beantragen. Dabei kann es sich durchaus auch um einen oder mehrere Miterben handeln, falls diese z. B. Pflichtteils- oder Vermächtnisansprüche gegen den Nachlass haben.

04

Alexander hat Nina testamentarisch eines seiner Wertpapierdepots vermacht. Anne und David wollen das Depot nicht herausgeben und geben zu bedenken, dass der Barnachlass kaum ausreiche, um die Beerdigungskosten, diverse Rechnungen und eine Reihe vermeintlich dringlicher Reparaturen am Haus zu bezahlen.

Nina ist als Vermächtnisnehmerin Gläubigerin der Erbengemeinschaft. Sie könnte von Anne und David Mitwirkung bei der Übertragung des Depots verlangen und dies auch einklagen.

Haben Nachlassgläubiger Grund zu der Annahme, dass einzelne oder alle Miterben durch ihr Verhalten oder ihre prekäre Vermögenslage die Befriedigung der Nachlassgläubiger gefährden, können sie durch das Nachlassgericht Nachlassverwaltung anordnen lassen. Der antragstellende Gläubiger muss seine Behauptung beweisen. Nina müsste also das Testament, die weiteren offenen Nachlassforderungen und die Korrespondenz mit Anne und David vorlegen.

Gegebenenfalls müsste ein Gutachten eingeholt werden, um zu ermitteln, ob die von Anne und David gewünschten Maßnahmen am Haus tatsächlich die Erfüllung der weiteren Gläubigerforderungen gefährden würden. Es würde nämlich nicht ausreichen, wenn nur Nina befürchten müsste, ihr Vermächtnis nicht erfüllt zu bekommen: Alle Nachlassgläubiger müssen gefährdet sein. Die Gerichte sind hier in der Praxis aber oft „großzügig", da immer denkbar ist, dass später noch Nachlassgläubiger hinzukommen. In unserem Fall dürfte die Voraussetzung dem Grunde nach gegeben sein, denn Anne und David sind der Auffassung, dass die Erfüllung bestimmter Nachlassverbindlichkeiten und die Reparaturen des Anwesens Vorrang vor der Erfüllung von Ninas Vermächtnis haben. Sie geben zu bedenken, dass der Barnachlass „kaum ausreiche", um die Nachlassverbindlichkeiten zu erfüllen. Das bedeutet, dass jeder Gläubiger damit rechnen muss, auf Kosten anderer Gläubiger zunächst zu kurz zu kommen. Der Wert des Grundstücks dürfte zwar ausreichen, um alle Gläubigeransprüche zu erfüllen, bis zum Verkauf oder zur Versteigerung des Grundstücks ist es aber aufgrund der unübersichtlichen Lage ein weiter Weg.

Erben als Antragsteller

Die Nachlassverwaltung ist vom Nachlassgericht ebenfalls anzuordnen, wenn „der Erbe" die Anordnung beantragt. Bei einer Mehrheit von Erben ist ein gemeinschaftlicher Antrag der gesamten Erbengemeinschaft erforderlich. Dies ist im Gesetz ausdrücklich bestimmt, ergibt sich aber auch aus dem oben Gesagten: Die Kompetenzen der Erbengemeinschaft auf einen Verwalter zu übertragen, ist sicherlich keine Maßnahme der ordnungsgemäßen Verwaltung mehr.

Tipp

Eine Nachlassverwaltung zu beantragen, kann sinnvoll sein, wenn Sie verhindern wollen, dass Gläubiger in Ihr Eigenvermögen vollstrecken. Sie ist auch sinnvoll, wenn nicht klar ist, ob der Nachlass überschuldet ist oder nicht.

Jeder Erbe kann binnen sechs Wochen, nachdem er vom Anfall der Erbschaft erfahren hat, die Erbschaft ausschlagen. Er kann dies auch noch nachholen, wenn er nach Fristablauf von Schulden erfährt, die den Nachlass ins Minus drücken. Dazu muss er die Fristversäumnis anfechten.

Was aber, wenn sich herausstellt, dass „nur" bestimmte Nachlassgegenstände viel weniger wert waren als ursprünglich angenommen? Die irrtümlich falsche Bewertung bereits bekannter Nachlassgegenstände ermöglicht die Anfechtung der Fristversäumnis nicht. Sind Sie unsicher, welchen Wert Nachlassgegenstände haben und wollen Sie die Chance auf Teilhabe an einem womöglich attraktiven Nachlass nicht verlieren, sollten Sie auf Nachlassverwaltung drängen. So bleibt Ihr Eigenvermögen auch für den Fall geschützt, dass der Nachlass überschuldet sein sollte. Schlagen Sie stattdessen vorsorglich die Erbschaft aus und stellt sich der Nachlass dann als werthaltig heraus, haben Sie gegen ihn keinerlei Ansprüche mehr. Auch eine Anfechtung der Ausschlagungserklärung ist bei irrtümlich falscher Bewertung der Nachlassgegenstände nicht möglich.

Mit der Anordnung der Nachlassverwaltung gemäß § 1975 BGB verliert der Erbe oder die Erbengemeinschaft die Befugnis, den Nachlass zu verwalten oder über ihn zu verfügen. Etwaige Ansprüche gegen den Nachlass sind nunmehr gegen den Nachlassverwalter zu richten. Ist die Nachlassverwaltung einmal beantragt, kann der Antrag nicht mehr zurückgenommen werden. Die Nachlassverwaltung endet erst, wenn ihr Zweck erreicht ist.

Ist der Nachlass zu gering, um die gesetzlich festgelegten Kosten des bestellten Nachlassverwalters und die Gerichtsgebühren zu decken, wird das Gericht die Anordnung der Nachlassverwaltung ablehnen. Die Erbengemeinschaft kann dann wie im Fall des abgelehnten Nachlassinsolvenzverfahrens die Dürftigkeitseinrede erheben.

TESTAMENTSVOLLSTRECKUNG

Der weitaus häufigste Fall, in dem den Erben die Vorfügungsmacht über den Nachlass entzogen ist, ist der Fall der Testamentsvollstreckung. Der Testamentsvollstrecker muss anstelle der Erben den Nachlass in Besitz nehmen und ihn entweder entsprechend den Vorgaben des Erblassers aufteilen (Auseinandersetzungsvollstreckung) oder ihn dauerhaft verwalten (Dauervollstreckung). Über Nachlassgegenstände, die der Verwaltung des Testamentsvollstreckers unterliegen, können die Erben nicht verfügen.

Der Erblasser kann durch Testament oder Erbvertrag einen Testamentsvollstrecker bestimmen. Dieser hat die letztwillige Verfügung des Erblassers auszuführen. Die Erbengemeinschaft kann hierauf keinen Einfluss nehmen, geschweige denn dem Testamentsvollstrecker Vorgaben machen. Im Interesse einer konfliktfreien Abwicklung des Nachlasses ist es natürlich sinnvoll, die Erbengemeinschaft in gewissem Umfang in Verwaltungsentscheidungen einzubeziehen. Sind beispielsweise Instandhaltungs- und Reparaturmaßnahmen an einer Nachlassimmobilie zu veranlassen, sollte der Testamentsvollstrecker den Zeitplan mit den Erben abstimmen und soweit sinnvoll und möglich deren ästhetische Vorstellungen respektieren.

GESELLSCHAFTSRECHTLICHE BESONDERHEITEN

Gehörten dem Erblasser Anteile an Personen- und Kapitalgesellschaften, unterliegen diese teilweise anderen Regeln als die anderen Nachlasswerte. Manche Gesellschaftsanteile werden vererbt und verwaltet wie jeder andere Nachlasswert auch. Andere Anteile fallen an der Erbengemeinschaft vorbei unmittelbar den einzelnen Mitgliedern der Erbengemeinschaft an oder gehen gar auf Dritte über. Wir wollen Ihnen in der Folge einen kurzen Überblick über die verschiedenen Gesellschaftsarten und das Schicksal von Beteiligungen im Erbfall geben.

GmbH und AG

Anteile an Kapitalgesellschaften werden wie jeder andere Vermögenswert des Erblassers vererbt. War der Verstorbene GmbH-Gesellschafter oder Aktionär einer AG, gehen seine

Mitgliedschaftsrechte auf die Erben über und können von diesen nur gemeinschaftlich ausgeübt werden.

Einzelkaufmann

Auch das Handelsgeschäft eines Einzelkaufmanns kann von den Erben fortgeführt werden (§ 22 HGB). Trotz gewisser dogmatischer Probleme ist sich die Literatur weitgehend einig, dass dies auch für eine ungeteilte Erbengemeinschaft gilt. Die Erben haften unbeschränkt für sämtliche Verbindlichkeiten des Geschäfts, es sei denn, sie stellen das Geschäft binnen drei Monaten nach Kenntnis vom Erbanfall ein (§ 27 Abs. 2 HGB)

04

GbR

Eine Gesellschaft bürgerlichen Rechts (GbR) endet grundsätzlich mit dem Tod eines Gesellschafters (§ 727 Abs. 1 BGB). Die Gesellschafter können in ihrem Gesellschaftsvertrag aber bestimmen, dass der Anteil eines Gesellschafters mit seinem Tod auf einen oder mehrere Personen übergeht („erbrechtliche Nachfolgeklausel"). Man unterscheidet einfache und qualifizierte Nachfolgeklauseln. Einfache Nachfolgeklauseln sehen vor, dass der Gesellschaftsanteil wie jeder andere Nachlasswert auf die gesetzlichen oder durch letztwillige Verfügung bestimmten Erben übergehen soll. Bei qualifizierten Nachfolgeklauseln bestimmt der Gesellschaftsvertrag dagegen konkrete Personen als Nachfolger: Entweder diese werden namentlich benannt oder es wird mittels abstrakter Merkmale ein bestimmter Personenkreis beschrieben.

Auch wenn der Erblasser von einer Erbengemeinschaft beerbt wird, gehen die Gesellschafteranteile einer GbR niemals auf die Gemeinschaft über, sondern auf alle Nachfolger-Erben persönlich im Verhältnis ihrer Erbanteile! Es handelt sich um eine der wenigen Ausnahmen vom Grundsatz der Gesamtrechtsnachfolge.

Die Regeln der Verwaltung richten sich nach dem Gesellschaftsvertrag, nicht nach den Vorstellungen der Miterben oder gar der Erbengemeinschaft. Die neuen Gesellschafter können unabhängig von der Erbengemeinschaft über ihren Gesellschaftsanteil verfügen. Der Wert des Gesellschaftsanteils ist bei der Erbauseinandersetzung aber voll anzurechnen.

Ist die Nachfolge in die Gesellschaftsanteile nicht geregelt, endet die Gesellschaft und es entsteht mit dem Tod des Erblassers eine sogenannte Liquidations- oder Abwicklungsgesellschaft. Das Gesellschaftsvermögen wird nach Begleichung der Verbindlichkeiten auf die Gesellschafter im Verhältnis ihrer Gesellschaftsanteile verteilt. Der Gesellschaftsanteil des Erblassers ist Teil des gesamthänderisch gebundenen Nachlasses und wird wie jeder andere Vermögenswert nach den oben beschriebenen Grundsätzen verwaltet.

KG und oHG

Andere Personengesellschaften enden in der Regel nicht, wenn ein Gesellschafter stirbt. Der Anteil eines Kommanditisten an einer Kommanditgesellschaft (KG) wird nach den allgemeinen Grundsätzen vererbt (§ 177 HGB). Dies kann aber gesellschaftsvertraglich auch anders geregelt werden. War der Erblasser hingegen persönlich haftender Gesellschafter einer offenen Handelsgesellschaft (oHG) oder Komplementär einer Kommanditgesellschaft (KG), scheidet er aus der Gesellschaft aus und die Gesellschaft wird mit den verbliebenen Mitgliedern fortgesetzt. Die Erben haben dann Anspruch auf eine Abfindung in Höhe des Kapitalwerts des Gesellschaftsanteils (korrekter: der Mitgliedschaft in der Gesellschaft) des Erblassers (§ 738 Abs. 1 Satz 2 BGB). Dieser Anspruch kann im Gesellschaftsvertrag auch abweichend geregelt oder gar ausgeschlossen werden.

Die Gesellschafter können auch vertraglich vorsehen, dass im Todesfall die Erben oder andere namentlich oder nach festgelegten Kriterien beschriebene Personen zu bestimmten Konditionen in die Gesellschaft eintreten. Hierfür gibt es zwei Möglichkeiten:

Zum einen kann die Mitgliedschaft wie bei der GbR durch eine einfache oder qualifizierte Nachfolgeklausel bestimmten Personen zugewandt werden. Wer in eine oHG eintritt, kann gemäß § 139 Abs. 1 HGB verlangen, zum Kommanditisten gemacht zu werden, um seine Haftungsrisiken zu reduzieren.

Zum anderen kann mit einer sogenannten Eintrittsklausel nur das Recht eingeräumt werden, in die Gesellschaft einzutreten. Es handelt sich insoweit um einen sogenannten echten Vertrag zugunsten Dritter, der die Gesellschafter verpflichtet, mit dem Dritten erst einen Aufnahmevertrag und dann einen neuen Gesellschaftsvertrag gemäß den zuvor festgelegten Kriterien zu schließen.

05

DIE AUSEINANDERSETZUNG DER MITERBENGEMEINSCHAFT

Es gibt keinen richtigen oder falschen Weg für die Auseinandersetzung und Beendigung der Erbengemeinschaft. Jede Erbengemeinschaft hat ihre Besonderheiten. Erblasser können zwar absehbaren Problemen bei der Auseinandersetzung bis zu einem gewissen Grad durch letztwillige Verfügungen vorbeugen, welche Dynamik sich allerdings unter den Miterben am Ende ergeben wird und an welchen Punkten überraschend Konflikte auftauchen, ist auch für sie nicht vorherzusehen. In diesem Kapitel werden wir erläutern, ab wann der Nachlass teilungsreif ist, wie die Erbteilung durchgeführt wird und welche Möglichkeiten es gibt, diese zu erzwingen, wenn eine einvernehmliche Regelung nicht möglich ist.

WEGE ZUR AUSEINANDERSETZUNG

Die Miterben haben sich in aller Regel nicht ausgesucht, Mitglieder einer Erbengemeinschaft zu werden. Sie verfolgen im Gegensatz zu den Mitgliedern einer Personen- oder Kapitalgesellschaft auch keinen gemeinsamen Zweck, der sie motiviert miteinander zu arbeiten. Die gesetzlichen Verwaltungsregeln sind – wie Sie im 4. Kapitel gesehen haben – überschaubar und wenig praktikabel. Die Miterben haben daher ein Interesse, sich möglichst bald voneinander zu lösen oder sich hinsichtlich bestimmter Nachlassgegenstände (Mietimmobilien, Handelsgeschäfte etc.) eine neue und auf ihre Bedürfnisse zugeschnittene Rechtsgrundlage zu geben. Die Erbengemeinschaft wird deshalb auch als „geborene Liquidationsgemeinschaft" bezeichnet.

Teilung im Einvernehmen

Nicht das Gesetz oder der Richter, sondern allein Sie, die Erben, teilen den Nachlass. Die Anweisungen des Erblassers sind dabei zu beachten (z. B. Teilungsanordnungen, Auflagen oder Vermächtnisse), allerdings können Sie sich als Erbengemeinschaft auch einvernehmlich über sie hinwegsetzen. Haben Sie sich über die Aufteilung des Nachlasses geeinigt, sind Sie niemandem rechenschaftspflichtig, auch wenn Sie bei der Aufteilung von Ihren gesetzlichen Erbquoten oder den Vorstellungen des Erblassers abweichen sollten. Hätte der Erblasser dem vorbeugen wollen, hätte er durch letztwillige Verfügung eine Testamentsvollstreckung anordnen müssen. Dann läge die Auseinandersetzung in der Hand des Testamentsvollstreckers.

Teilungsmöglichkeiten

Falls Sie für die Verteilung der Nachlasswerte keinen eigenen Weg finden sollten, verweist das Gesetz auf die Teilungsregelungen, die für andere Gemeinschaften gelten, z. B. Eigentümergemeinschaften. Der gemeinschaftliche Gegenstand wird danach zunächst „in Natur" geteilt, d. h. in mehrere Teile zerlegt und auf die Miterben aufgeteilt. Der Wert des Nachlassgegenstandes darf dabei aber nicht gemindert werden. Das ist in der Praxis fast nur bei Geldvermögen denkbar, im Übrigen nahezu unmöglich. Ist die Teilung in Natur ausgeschlossen, erfolgt die Auseinandersetzung über den betreffenden Gegenstand durch dessen Verkauf – bei Grundstücken durch Verkauf oder Teilungsversteigerung – und Teilung des Erlöses. In seltenen Fällen kann die Veräußerung an einen Dritten „unstatthaft“ sein, etwa wenn der Erblasser sie verboten hat oder die Miterben zuvor eine entsprechende Vereinbarung getroffen haben. Ist das bei Ihnen der Fall, können Sie den Gegenstand nur unter den Teilhabern Ihrer Erbengemeinschaft versteigern.

Erbteilungsklage

Wenn eine Erbengemeinschaft hinsichtlich einzelner Gegenstände auf die gesetzlichen Teilungsregeln zurückgreifen musste, wird es in der Praxis selten noch zu einem einvernehmlichen Auseinandersetzungsvertrag kommen. Um die Erbengemeinschaft endgültig auch ohne Zutun der anderen Miterben auseinanderzusetzen, müssen Sie vor dem Zivilgericht eine Erbteilungsklage erheben. Das rechtskräftige Urteil des Zivilgerichts ersetzt dann die Zustimmung des oder der Beklagten zum Auseinandersetzungsvertrag. Die Auseinandersetzung selbst ist damit jedoch noch nicht vollzogen. Sie muss noch durch die Erben nach dem vorliegenden Auseinandersetzungsvertrag durchgeführt werden.

Die Auseinandersetzungsklage ist riskant und sollte deshalb für Sie das allerletzte Mittel sein. Zum einen ist der Streitwert solcher Verfahren in der Regel sehr hoch, was dazu führt, dass auch Ihre Anwalts- und Gerichtskosten in die Höhe schnellen. Zum anderen müssen Sie als Kläger einen umfassenden und lückenlosen Auseinandersetzungsplan vorlegen, was schon bei Nachlässen von üblichem Umfang kaum möglich ist. Vor der eigentlichen Auseinandersetzung sind zudem stets die Nachlassverbindlichkeiten vollständig zu berichtigen, die sogenannten Vorempfänge auszugleichen und die Rechtsbeziehungen der Gesamthand abzuwickeln. Das bedeutet, dass mit der Auflösung der Erbengemeinschaft sämtliche rechtlichen

Angelegenheiten der Erbengemeinschaft erledigt sein müssen. Befindet sich im Nachlass beispielsweise eine vermietete Immobilie, müssen Sie untereinander klären, wer von Ihnen diese übernimmt oder Sie schließen sich zu einer Vermietungsgesellschaft zusammen, um das Mietobjekt nach Beendigung der Gemeinschaft einvernehmlich weiterzuführen.

05

Falls der Teilungsplan Fehler aufweist oder unvollständig ist, verlieren Sie Ihre Klage und müssen die gesamten Verfahrenskosten inklusive etwaiger Sachverständigenkosten tragen und den beklagten Miterben ihre Anwaltskosten erstatten! Das Gericht darf Ihren Plan nicht korrigieren oder ergänzen und Ihre Miterben werden sich schon aus prozesstaktischen Gründen nicht bemühen, Ihren Klageantrag zu retten.

Tipp
Aufgrund der hohen Prozessrisiken sollten Sie auch bei zähen Auseinandersetzungsverhandlungen versuchen, sich doch noch außergerichtlich einigen.

Eine Alternative zur Klage ist in Fällen, in denen Sie innerhalb der Erbengemeinschaft nicht völlig zerstritten sind, das Teilungsverfahren vor dem Nachlassgericht (§§ 363 ff. FamFG). Es handelt sich um ein Verfahren, in dem das Gericht vermittelnde Vorschläge zur Nachlassteilung machen kann. Kommt es zu keiner Einigung, müssen Sie in der Regel allerdings doch die Auseinandersetzungsklage erheben. Aus diesem Grund ist das gerichtliche Vermittlungsverfahren nur dann zu empfehlen, wenn zu erwarten ist, dass Sie die strittigen Punkte der Auseinandersetzung vor dem Hintergrund der Vermittlungsbemühungen des Gerichts tatsächlich klären werden. Es handelt sich also bei diesem Verfahren letztlich um ein stumpfes Schwert, das lediglich in wenig konfliktträchtigen Konstellationen einen Durchbruch bringen kann. Dies dürfte auch der Grund sein, weswegen Erben von dem Vermittlungsverfahren kaum Gebrauch machen, obwohl die Kosten und Verfahrensrisiken deutlich geringer sind als bei der Auseinandersetzungsklage.

Gerichtliches Vermittlungsverfahren

Grundsätzlich gilt: Gehen Sie die Erbauseinandersetzung so früh wie möglich an! Stirbt nämlich ein Mitglied der Erbengemeinschaft, werden bei der noch nicht auseinandergesetzten

Erbengemeinschaft die Erben dieses Mitglieds zu neuen Mitgliedern der Erbengemeinschaft. Je größer die Anzahl der Mitglieder einer Erbengemeinschaft ist, desto schwieriger werden sowohl die gütliche als auch die gerichtliche Erbteilung. Hinzu kommt ggf. das Problem, dass einzelne Erben des verstorbenen Miterben unbekannt sind und erst noch ermittelt werden müssen. Plastisch werden die Probleme an unserem Grundfall: Es wäre gut gewesen, wenn sich nach Helenas Tod die Erbengemeinschaft aus Alexander, Oliver und Vera auseinandergesetzt hätte. Da Vera zwischenzeitlich verstorben ist, wird sich nicht nur die Verwaltung, sondern auch die Auseinandersetzung erheblich in die Länge ziehen.

ANSPRUCH AUF AUSEINANDERSETZUNG

WER KANN DIE AUSEINANDERSETZUNG VERLANGEN?

Tipp

Der Anspruch auf Auseinandersetzung der Erbengemeinschaft verjährt nicht, Sie können ihn also auch noch Jahrzehnte nach dem Erbfall geltend machen!

Jeder Miterbe kann grundsätzlich jederzeit die Auseinandersetzung des Nachlasses verlangen (§ 2042 Abs. 1 BGB). Das gilt auch dann, wenn der Zeitpunkt für die Auseinandersetzung ungünstig ist. Nur in besonders krassen Ausnahmefällen kann das Auseinandersetzungsverlangen mit Blick auf die allgemeine Pflicht zur gegenseitigen Rücksichtnahme rechtsmissbräuchlich und damit ausgeschlossen sein.

Außer den Miterben können folgende Personen auseinandersetzungsberechtigt sein:

- der Testamentsvollstrecker,
- der Abwesenheitspfleger für einen bekannten Miterben,
- der Erwerber eines Erbteils,
- der Nießbraucher am Erbteil,
- der Insolvenzverwalter und

- Pfandgläubiger am Erbteil bei der Verkaufsberechtigung.

Nachlassgläubiger, ein Nacherbe und der Nachlasspfleger für den Gesamtnachlass können die Auseinandersetzung nicht fordern.

GIBT ES EINEN ANSPRUCH AUF TEILWEISE AUSEINANDERSETZUNG?

Nach dem Willen des Gesetzgebers können Sie grundsätzlich nur die vollständige Auseinandersetzung des Nachlasses verlangen. Das schließt aber nicht aus, dass Sie den Nachlass Stück für Stück untereinander aufteilen. Sie müssen sich nur alle einig sein, denn eine Teilauseinandersetzung ist eine Maßnahme der außerordentlichen Verwaltung, also nur einstimmig möglich.

In der Praxis sind Teilauseinandersetzungen gang und gäbe, selbst wenn sich die Miterben in vielen Punkten noch uneinig sind. Insbesondere Geld wird häufig schon zum Teil vor der eigentlichen Auseinandersetzung verteilt, z. B. wenn der Erblasser über mehrere Konten verfügte, deren Guthaben insgesamt ausreichen, um die noch verbliebenen oder unklaren Nachlassverbindlichkeiten zu decken. Auch in Bezug auf Hausrats- und persönliche Gegenstände des Erblassers finden die Miterben oft schon kurz nach dem Todesfall eine Lösung: Gebrauchsmöbel und -gegenstände, Briefe, Papiere und Kleidung haben in aller Regel keinen nennenswerten Marktwert mehr und wirken sich daher auf das Auseinandersetzungsguthaben der Miterben nicht aus.

Tipp

Schlagen Sie Ihren Miterben vor, dass zu einem bestimmten Termin alle Beteiligten durch die Wohnung gehen und die begehrten Gegenstände auf eine Liste schreiben. So sieht man sofort, über die Verteilung welcher Gegenstände noch diskutiert werden muss. Für die verteilten Gegenstände wird entweder ein kleiner Ausgleich an die anderen Miterben oder in den Nachlass gezahlt oder es wird schlicht vertraglich vereinbart, dass mit Unterzeichnung der Liste sämtliche Ansprüche am Hausrat und an den persönlichen Gegenständen abgegolten sind. Die nicht verteilten Gegenstände werden verkauft oder entsorgt.

Nur in sehr seltenen Ausnahmefällen ist es möglich, die Teilauseinandersetzung auch gegen den Willen der anderen Miterben durchzusetzen.

Alexander verfügte über mehrere Konten. Sämtliche Nachlassverbindlichkeiten sind bereits getilgt. Streit besteht nur noch in Bezug auf die Frage, wie mit dem Grundstück weiter verfahren wird. David benötigt dringend Geld. Er meint, dass man zumindest eines der Konten, das überhaupt keine Zinsen abwirft, bereits jetzt aufteilen könne. Nina ist dagegen. Sie möchte sich Davids finanziellen Druck zunutze machen und erreichen, dass er einigen ihrer Forderungen nachgibt, um sie dazu zu bewegen, der Auflösung und Aufteilung des Kontos doch zuzustimmen.

Da keine Nachlassverbindlichkeiten mehr bestehen und keinem Miterben etwa durch Zinsverluste infolge der Auflösung des Kontos und Verteilung des Guthabens Nachteile entstehen können, wäre eine Teilauseinandersetzung des Nachlasses in diesem Fall vertretbar. Ninas Veto ändert hieran nichts. Ihre Motive sind nicht anerkennenswert, weil sie mit ihrer Blockadehaltung eigene Forderungen durchsetzen will. Die Aufteilung der Konten gerichtlich durchzusetzen, sollte man David aber dennoch nicht empfehlen. Ausnahmen vom Verbot der Teilauseinandersetzung sind sehr selten und das Risiko, in einem Prozess zu unterliegen, sehr hoch.

Vorteile der Teilauseinandersetzung

Die Teilauseinandersetzung des Nachlasses kann streitschlichtend und/oder streitvermeidend sein. Werden die „unproblematischen" Vermögenswerte bereits durch die Teilauseinandersetzung geregelt, kann sich das Interesse der Erbengemeinschaft an einer rechtlichen Auseinandersetzung reduzieren, nämlich dann, wenn nur noch geringfügige Streitpunkte verbleiben oder nur noch Kleinigkeiten auseinandergesetzt werden müssen. Auch die Risiken einer Auseinandersetzungsklage sinken erheblich.

HERBEIFÜHRUNG DER TEILUNGSREIFE

Sie können die Auseinandersetzung nur dann verlangen, wenn der Nachlass teilungsreif ist.

Teilungsreife liegt vor, wenn folgende Voraussetzungen erfüllt sind:

- Die Höhe der Erbanteile ist bestimmbar.
- Sämtliche Nachlassverbindlichkeiten sind erfüllt.
- Alle Anordnungen des Erblassers sind umgesetzt.
- Etwaige Ausgleichungsansprüche der Miterben untereinander sind geklärt. (Was es damit auf sich hat, erfahren Sie später in diesem Kapitel.)
- Weder Auseinandersetzungsverbote des Erblassers noch geltend gemachte Ansprüche der Miterben auf einen Aufschub der Auseinandersetzung hindern die Aufteilung des Nachlasses.
- Der vorhandene Nachlass kann entsprechend den Erbquoten in gleichartige Teile ohne Wertverlust aufgeteilt werden.

SIND DIE ERBANTEILE BESTIMMBAR?

Die Erbanteile müssen bestimmbar sein, andernfalls ist die Auseinandersetzung ausgeschlossen. Ein Erbteil ist beispielsweise unbestimmt, wenn ein zwar gezeugtes, aber noch ungeborenes Kind als Miterbe in Betracht kommt (der sogenannte Nasciturus). Das gleiche gilt, wenn der Erblasser eine von ihm errichtete Stiftung als Erbe einsetzen wollte und deren Anerkennung als rechtsfähig noch aussteht. Darüber hinaus fehlt es an der Bestimmbarkeit, wenn Ihre Erbenstellung oder die eines Ihrer Miterben davon abhängt, ob ein Adoptionsverfahren erfolgreich abgeschlossen wird. In der Praxis begegnet man derartigen Konstellationen kaum. Weitaus häufiger sind Fälle, in denen auch eine Weile nach dem Erbfall noch nicht sämtliche Mitglieder der Erbengemeinschaft bekannt sind.

Maria, eines von Veras Kindern, ist vor Alexanders Tod bei einem Unfall ums Leben gekommen. Ihre Geschwister hatten schon lange keinen Kontakt mehr zu ihr. Nachdem sie in die USA ausgewandert war, hatte sie selten etwas von sich hören lassen. Über eine außereheliche Schwangerschaft war es dann zum Zerwürfnis mit der Familie gekommen. Maria hatte der Familie vor einigen Jahren noch ein paar Bilder ihres Neugeborenen geschickt und dann den Kontakt abgebrochen.

Hier ist nicht klar, wie viele Kinder an Marias Stelle getreten sind. Die verbliebenen Miterben nach Helena und Alexander können den Nachlass aber dennoch unter sich aufteilen, weil Marias Stamm mit ihrem Tod jedenfalls nicht weggefallen ist, sondern ihr Erbanteil auf ihre Nachkommen übergeht. Diese müssen sich dann später noch über ihren Anteil an Veras Nachlass auseinandersetzen.

DIE AUSEINANDERSETZUNG AUFSCHIEBEN

Die Erben können erst dann die Auseinandersetzung verlangen, wenn die Nachlassverbindlichkeiten bereinigt sind. Hierzu später mehr. Sinn der Regelung ist, dass die Erben nach der Erbteilung mit ihrem gesamten Vermögen für Nachlassverbindlichkeiten haften. Sie haben also ein Interesse daran, nach der Auseinandersetzung nicht von bislang unbekannten Nachlassforderungen überrascht zu werden. Was aber, wenn die Erben Ihrer Erbengemeinschaft den Bestand von Nachlassverbindlichkeiten unterschiedlich einschätzen? Während sich die einen darauf berufen, dass aktuell keine Nachlassverbindlichkeiten bestehen und auf Teilung des Nachlasses drängen, befürchten Sie und andere Miterben möglicherweise ernstlich, dass der Erblasser Ihnen erhebliche Schulden hinterlassen hat, Sie wissen aber weder um die Gläubiger noch um die Höhe der Verbindlichkeiten. In diesem Fall können Sie gemäß § 2045 BGB den Aufschub der Auseinandersetzung verlangen. Der Nachlass ist dann bis auf Weiteres nicht teilungsreif.

Aufgebotsverfahren

Um den Aufschub der Auseinandersetzung zur erreichen, müssen Sie schriftlich ein gerichtliches Aufgebotsverfahren einleiten. Dieses hat den Zweck, die noch unbekannten Gläubiger des Erblassers zu ermitteln. Zuständig ist das örtliche Amtsgericht, welches das Gläubigeraufgebot öffentlich bekannt macht. Die Bekanntmachung erfolgt durch Aushang an der Gerichtstafel oder in einem elektronischen Informations- und Kommunikationssystem, das im Gericht öffentlich zugänglich ist, sowie durch parallele Veröffentlichung im elektronischen Bundesanzeiger. Das Gericht kann weitere Veröffentlichungen (z. B. in Tageszeitungen) anordnen. Die Veröffentlichung muss mindestens folgende Angaben enthalten:

- die Bezeichnung des Antragstellers,
- die Aufforderung, die Ansprüche und Rechte bis zu einem bestimmten Zeitpunkt beim Gericht anzumelden und
- die Bezeichnung der Rechtsnachteile, die eintreten, wenn die Anmeldung unterbleibt.

Das Gericht bestimmt eine Angebotsfrist, innerhalb der betroffene Gläubiger ihre Rechte anmelden müssen. Diese beträgt mindestens sechs Wochen. Geht während dieses Zeitraums keine Anmeldung ein, wird ein sogenannter Ausschließungsbeschluss erlassen. Durch diesen werden Urkunden kraftlos und Rechte als erloschen oder eingeschränkt erklärt. Sie müssen dann die Forderungen dieser Gläubiger nicht mehr erfüllen. Gegen den Ausschließungsbeschluss können die betroffenen Gläubiger Beschwerde einlegen.

Tipp

Sie sollten von Ihren Miterben den Aufschub der Auseinandersetzung verlangen, wenn die Gläubigerermittlung noch nicht abgeschlossen ist! Zum einen erhalten Sie hierdurch weitgehend Gewissheit, ob der Nachlass überschuldet ist oder nicht, zum anderen können Nachlassgläubiger, die ihre Rechte nicht fristgerecht anmelden, nach dem Ausschluss nur noch Ausgleich ihrer Forderungen aus dem Nachlassvermögen, nicht aber aus dem Privatvermögen der Erben verlangen.

Alternativ zum gerichtlichen Aufgebotsverfahren kann auch durch außergerichtliche öffentliche Aufforderung ein

Privataufgebotsverfahren nach § 2061 BGB eingeleitet werden. In der Praxis ist dies aber sehr selten.

ANORDNUNGEN DES ERBLASSERS

Das Recht auf Auseinandersetzung der Erbengemeinschaft ist auch dann ausgeschlossen, wenn der Erblasser dies angeordnet hat (§ 2044 BGB). Im Einzelnen hat er die folgenden Möglichkeiten:

- Er kann die Auseinandersetzung des gesamten Nachlasses ausschließen.
- Er kann die Auseinandersetzung bezüglicher einzelner Nachlassgegenstände ausschließen.
- Er kann eine Kündigungsfrist zur Auseinandersetzung setzen.
- Er kann anordnen, dass nicht der einzelne Miterbe, sondern nur die Mehrheit der Miterben die Auseinandersetzung hinsichtlich des zum Nachlass gehörenden Grundbesitzes verlangen kann.

Die Auseinandersetzung kann für maximal 30 Jahre verboten werden. Eine Ausnahme gilt dann, wenn das Ende des Verbots durch Eintritt eines bestimmten Ereignisses in der Person eines Erben, durch Eintritt eines Nacherbfalls oder den Anfall eines Vermächtnisses bestimmt ist:

Der Erblasser hat mehrere Kinder. Er möchte, dass das Familienheim auf das Kind übergeht, das als erstes heiratet; bis dahin soll die Auseinandersetzung über das Anwesen ausgeschlossen werden. Das erste Kind heiratet erst 35 Jahre nach dem Tod des Erblassers.

Teilung trotz Verbot

Die Teilung der Erbengemeinschaft kann trotz Auseinandersetzungsverbot betrieben werden, wenn ein besonderer Kündigungsgrund vorliegt (§§ 2044 Abs. 1 Satz 2, 749 Abs. 2, 3

BGB). Auch ein Gläubiger, der einen Erbanteil gepfändet hat, kann ohne Rücksicht auf das Auseinandersetzungsverbot die Auseinandersetzung durchsetzen, es sei denn, der Titel wäre nur vorläufig vollstreckbar. Gleiches gilt für das Insolvenzverfahren eines Miterben (§ 84 Abs. 2 Satz 2 InsO). Das Auseinandersetzungsverbot hindert einen pflichtteilsberechtigten Erben ferner nicht, gemäß § 2306 Abs. 2 BGB die Erbschaft auszuschlagen und stattdessen seinen Pflichtteil zu fordern. Zwar kann es sein, dass dieser deutlich geringer ausfällt als das, was der Miterbe nach der letztwilligen Verfügung des Erblassers erhalten hätte, aber wenigstens steht ihm der Pflichtteil sofort zur Verfügung. Auf das Freiwerden des Erbteils müsste er dagegen womöglich Jahrzehnte warten.

Schließlich können Sie und Ihre Miterben sich gemeinschaftlich über das Verbot hinwegsetzen und die Erbengemeinschaft gegen den Willen des Erblassers so auseinandersetzen, wie Sie es für richtig halten. Eine solche Absprache kann formlos erfolgen. Sie müssen sie aber einstimmig treffen, da es sich um eine außerordentliche Verwaltungsmaßnahme handelt.

Für Erblasser, die vor allem Streit in der Erbengemeinschaft verhindern wollen, ist ein Verstoß gegen das Auseinandersetzungsverbot sicherlich kein Problem. Was aber, wenn es einem Erblasser gerade darauf ankommt, dass seine Vorgaben beachtet werden?

Dann muss er eine Testamentsvollstreckung anordnen: Der Testamentsvollstrecker ist gemäß § 2204 Abs. 1 BGB an die Verbote des Erblassers gebunden. Doch auch dies bietet keinen perfekten Schutz: Wenn sämtliche Miterben, Nacherben, Vermächtnisnehmer, Auflagenbegünstigte etc. sich über die Auseinandersetzung einig sein sollten und dies dem Testamentsvollstrecker kommunizieren, kann dieser sich nach dem Grundsatz „wo kein Kläger, da kein Richter" ebenfalls über das Verbot hinwegsetzen.

NACHLASSVERBINDLICHKEITEN BERICHTIGEN

Tipp

Bevor die Nachlassverbindlichkeiten bereinigt sind, sollten Sie keine Erbauseinandersetzungsklage erheben, da diese unbegründet wäre.

Vor der Auseinandersetzung müssen Sie und Ihre Miterben die Nachlassverbindlichkeiten berichtigen (§ 2046 Abs. 1 BGB). Die Vorschrift soll Sie vor dem Zugriff der Nachlassgläubiger schützen, denn nach der Teilung haften Sie gegenüber den Nachlassgläubigern, wie im 2. Kapitel ausgeführt, wesentlich strenger: nicht nur mit dem Nachlass, sondern auch mit Ihrem eigenen Vermögen. Nach der Erbteilung könnten Sie keine Nachlassverwaltung mehr beantragen, nur ein Antrag auf Nachlassinsolvenz wäre noch möglich.

Nach § 1967 Abs. 2 BGB sind folgende Nachlassverbindlichkeiten zu unterscheiden: Erblasserschulden, Erbfallschulden und Nachlasserbenschulden.

Erblasserschulden

Erblasserschulden sind Verpflichtungen, die der Erblasser selbst hätte erfüllen müssen, wäre er nicht verstorben, z. B. vertragliche Ansprüche (beispielsweise aus Kauf- und Darlehensverträgen; Grabpflegekosten, wenn der Erblasser bereits entsprechende Bestattungsvorsorge getroffen hat), Forderungen aus unerlaubter Handlung oder Steuerschulden. Auch eine Nachzahlungsverpflichtung aus einer zu Lebzeiten noch nicht eingereichten Einkommensteuererklärung gehört zu den Erblasserschulden. Umstritten ist die Zuordnung bei Zugewinnausgleichsforderungen des länger lebenden Ehegatten, der die güterrechtliche Lösung gewählt hat oder enterbt wurde. Teilweise werden diese auch zu den Erbfallschulden gezählt.

Erbfallschulden

Erbfallschulden sind Verbindlichkeiten, die erst durch den Tod des Erblassers eingetreten sind, z. B. Beerdigungskosten, Ansprüche aus Pflichtteilsrechten, Vermächtnissen und Auflagen, die Kosten von Nachlassverfahren zur Eröffnung einer Verfügung von Todes wegen oder zur Erteilung eines Erbscheins, die Kosten für ein Gläubigeraufgebot und die Kosten des Nachlassinsolvenzverfahrens.

Nachlasserbenschulden

Nachlasserbenschulden sind Schulden, die aus der Verwaltung des Nachlasses erwachsen. Sie sind Nachlassverbindlichkeiten, sofern das Rechtsgeschäft zur Abwicklung des Nachlasses gehört und eine Maßnahme der ordnungsgemäßen Verwaltung ist. Andernfalls handelt es sich um Eigenverbindlichkeiten.

05

Unterhaltsverbindlichkeiten

Unterhaltsverbindlichkeiten können sowohl zu den Erblasser- als auch zu den Erbfallschulden gehören. Bereits zu Lebzeiten des Erblassers aufgelaufene Unterhaltsforderungen sind Nachlassverbindlichkeiten. Ansprüche auf nachehelichen Unterhalt bestehen über den Tod des Erblassers und Unterhaltsschuldners hinaus. Sie gehen als Nachlassverbindlichkeit auf den oder die Erben über.

Alexander hat sich vor seinem Tod von Anne scheiden lassen und ihr bis zu seinem Tod nachehelichen Unterhalt gezahlt. Sein Nachlass hat einen Wert von insgesamt 400.000 Euro. Anne ist nun der Meinung, dass ihr der Unterhalt über Alexanders Tod hinaus zusteht. David und Nina befürchten, dass die rüstige Anne sie nach und nach große Teile des Nachlasses kosten wird.

Der Gesetzgeber unterstellt, dass ein unterhaltspflichtiger Erblasser auch über seinen Tod hinaus dauerhaft leistungsfähig bleibt. Davids und Ninas Sorge ist also nachvollziehbar: Solange sich Annes Einkommen nicht verbessert, könnten sie ihr dauerhaft zum Unterhalt verpflichtet bleiben. Tatsächlich ist dem aber nicht so, weil der Gesetzgeber die Haftung der Erben einschränkt (§ 1586b Abs. 1 BGB). Anne kann zwar Unterhalt verlangen, aber nur, bis eine Gesamtsumme von 50.000 Euro erreicht ist. Dies entspricht 1/8 des Nachlasses. Das ist die Pflichtteilsquote, die Anne zugestanden hätte, wenn sie und Alexander sich nicht hätten scheiden lassen: Als Ehefrau hätte Anne einen gesetzlichen Erbanspruch von 1/4 gehabt.

Dass sie mit Alexander im gesetzlichen Güterstand verheiratet war, spielt in diesem Zusammenhang keine Rolle.

Verwandtenunterhalt

Die Unterhaltsansprüche von Verwandten, auch den Kindern des Erblassers, erlöschen dagegen mit dessen Tod. Hätte Alexander beispielsweise ein Kind außerhalb seiner Ehe mit Anne gezeugt, so könnte dieses von den Erben Nina, David und Anne keinen Unterhalt beanspruchen. Es hätte lediglich einen Pflichtteilsanspruch.

Alexander hat aus einer außerehelichen Beziehung mit einer Praktikantin ein Kind, das bei seinem Tod noch zur Schule geht oder eine Berufsausbildung absolviert. Anne ist der Auffassung, dass dieses Kind seinen Unterhaltsanspruch mit Alexanders Tod verloren hat.

Ausbildungsunterhalt

Häufig wird übersehen, dass die Kosten einer angemessenen Berufsausbildung zusätzlich zum Pflichtteil vom überlebenden Ehegatten des Erblassers zu tragen sein können (§ 1371 Abs. 4 BGB). Das ist allerdings nur dann der Fall, wenn der überlebende Ehegatte gesetzlicher Erbe zu 1/2 geworden ist. Diese hälftige Erbquote setzt sich wie oben erläutert aus einem erbrechtlichen Anspruch von 1/4 und 1/4 als pauschalem Zugewinnausgleich zusammen. Aus letzterem Viertel müsste Anne zu den Ausbildungskosten des nichtehelichen Kindes von Alexander beitragen. Vorliegend hat sie aber dennoch Recht, wenn sie die Zahlung verweigert: Sie muss den Betreuungsunterhalt nicht zahlen, weil sie testamentarische Erbin von Alexander geworden ist.

LEBZEITIGE ZUWENDUNGEN DES ERBLASSERS AUSGLEICHEN

Der Erblasser kann grundsätzlich nach Gutdünken sein Vermögen für den Fall seines Ablebens verteilen. Dennoch greift das Gesetz immer wieder in die Verteilung der Erbschaft ein, um einen möglichst gerechten Ausgleich unter den Erben zu erreichen. Ein Beispiel sind die Ausgleichungsvorschriften §§ 2050 ff. BGB. Sie sollen dafür sorgen, dass die Abkömmlinge des Erblassers möglichst gleichmäßig am Vermögen des Erblassers beteiligt werden. Wer von Ihnen bereits zu Lebzeiten des Erblassers mehr als andere Abkömmlinge erhalten hat, soll im Erbfall in bestimmten Konstellationen weniger erhalten, während die zu Lebzeiten „Zukurzgekommenen" einen größeren Anteil des Nachlasses bekommen.

Voraussetzungen der Ausgleichung

Grundsätzlich unterliegen Abkömmlinge der Ausgleichungspflicht nur im Fall der gesetzlichen Erbfolge oder wenn der Erblasser sie in seinem Testament oder Erbvertrag ausdrücklich auf dasjenige eingesetzt hat, was sie als gesetzliche Erben erhalten würden (§ 2052 BGB). Ausgleichungsansprüche wirken sich aber auch auf die Höhe des Pflichtteils aus, wenn ein Abkömmling enterbt wurde oder die Erbschaft unter den Voraussetzungen des § 2306 BGB ausgeschlagen hat.

Auszugleichende Vorempfänge

Die auszugleichenden Vorempfänge sind im Gesetz in einem festen Katalog zusammengefasst. Es soll im Erbfall ausdrücklich nicht jedes Weihnachtsgeschenk oder jeder Urlaubszuschuss zwischen den Abkömmlingen aufgewogen und ausgeglichen werden. Zu den ausgleichungspflichtigen Vorempfängen gehören:

- Ausstattungen (§§ 2050 Abs. 1, 1624 Abs. 1 BGB),
- bestimmte übermäßige Aufwendungen für die Ausbildung (§ 2050 Abs. 2 BGB),
- übermäßige Zuschüsse, die als Einkünfte verwendet werden sollten (§ 2050 Abs. 1 BGB),
- andere Zuwendungen, deren Ausgleichung der Erblasser ausdrücklich angeordnet hat (§ 2050 Abs. 3 BGB),
- besondere Leistungen eines Abkömmlings zugunsten des Erblassers (§ 2057a BGB).

Zuwendungen, die nicht unter die vorgenannten Kategorien fallen, verändern die Beteiligung der Abkömmlinge an ihrer Erbschaft nicht, sind also nicht ausgleichspflichtig. Jeder Miterbe hat gemäß § 2057 BGB gegen den anderen Anspruch auf Auskunft über die von ihm empfangenen Zuwendungen, die ausgleichungspflichtig sind.

Ausstattungen

Nach § 1624 Abs. 1 BGB ist eine Ausstattung, was ein Elternteil einem Abkömmling im Hinblick auf seine Heirat, zur Begründung einer Lebensstellung oder zu anderen Zwecken zugewandt hat. Die Ausstattung kann grundsätzlich jede Sach- oder Kapitalzuwendung, jedes übertragene geldwerte Recht und jede Naturalleistung sein, wenn sie der Erreichung des Ausstattungszweckes entspricht, also z. B. der Verheiratung, Existenzgründung oder Erhaltung einer selbstständigen Lebensstellung.

Der Erblasser übergibt sein Blumengeschäft seinem Sohn. Dieser erweist sich als wenig geschäftstüchtig, sodass der Vater ihm noch des Öfteren zur Seite springt, indem er Lieferantenrechnungen bezahlt und Geld für neue Einrichtungsgegenstände beisteuert. Handelt es sich bei den Zuwendungen um ausgleichungspflichtige Ausstattungen?

Übergibt der Erblasser einem Abkömmling seine Wohnung oder sein Büro, seine Praxis, Kanzlei oder – wie im Beispiel – seinen Laden oder beteiligt er sich hieran finanziell, handelt es sich regelmäßig um eine ausgleichungsfähige Ausstattung. Doch was ist mit Investitionen, die auf die Übergabe folgen? Hier kommt es auf die Absicht des Erblassers an. Hat er ausdrücklich gesagt oder jedenfalls zu erkennen gegeben, dass das Ziel auch dieser Zuwendung die Erlangung oder Absicherung einer selbstständigen Lebensstellung ist, kommt eine Ausgleichung nach § 2050 Abs. 1 BGB in Betracht. Das wird man in unserem Beispiel zum Großteil bejahen können. Ist diese Zweckrichtung hingegen nicht vorhanden oder ernstlich umstritten, kann die Zuwendung als „gewöhnliche" Schenkung allenfalls unter den Voraussetzungen des § 2050 Abs. 3 BGB ausgleichungspflichtig sein. Warum das für die anderen Miterben gegenüber der Ausgleichung nach § 2050 Abs. 1 BGB nachteilig wäre, erläutern wir sogleich.

Aufwendungen zur Berufsausbildung

Zu den Ausstattungen gehören auch Aufwendungen zur Berufsausbildung und Zuschüsse zur Lebenshaltung (§ 2050 Abs. 2 BGB). Zu den Ausbildungskosten zählen z. B. Promotions- oder Hochschulkosten. Diese Kosten sind dann ausgleichungspflichtig, wenn sie im Übermaß erfolgten, also der Erblasser mehr in die Ausbildung investiert hat, als nach seinen Einkommens- und Vermögensverhältnissen im Zeitpunkt der Zuwendung angemessen war.

Nina hat Chemie studiert und ihr Studium mit Ende 20 nach dem 15. Semester abgeschlossen. David hat nach der mittleren Reife eine Lehre begonnen und erzielt seit seinem 19. Lebensjahr eigenes Einkommen. David ist nun der Meinung, dass Nina in puncto Ausbildung viel besser behandelt wurde als er und verlangt einen Ausgleich.

Nina ist nicht ausgleichungspflichtig. Alexander war ihr und David gegenüber unterhaltsverpflichtet und hatte ihnen gemäß § 1610 Abs. 2 BGB auch eine Berufsausbildung zu finanzieren. Dass Nina eine längere und teurere Ausbildung erhalten hat als David, löst noch keine Ausgleichungspflicht aus.

Nina hat ihr Chemiestudium nach zehn Semestern erfolgreich abgeschlossen, merkt dann aber, dass sie sich doch mehr für das Rechtswesen interessiert. Alexander finanziert ihr auch noch das Jurastudium: Kann David in diesem Fall einen Ausgleich verlangen?

In diesem Fall hat Alexander Nina das Jurastudium bezahlt, ohne hierzu unterhaltsrechtlich verpflichtet gewesen zu sein.

Eltern schulden nämlich nur die Unterstützung bei einer einzigen Berufsausbildung. Die Unterstützung beim Zweitstudium ist also grundsätzlich eine ausgleichungspflichtige Ausstattung. Vorliegend fehlt es allerdings am Kriterium des Übermaßes, denn Alexander hat laut unserem Grundfall gut verdient und war damit unproblematisch in der Lage, auch Ninas zweite Ausbildung zu finanzieren. Ein Übermaß im Rechtssinne ist nicht schon deshalb gegeben, weil ein Kind deutlich höhere Zuwendungen erhalten hat als das andere.

Zuschüsse zum Lebensunterhalt

Das Gleiche gilt, wenn der Erblasser ein Kind durch Zuschüsse oder Zahlungen zur Bestreitung des Lebensunterhalts besonders unterstützt hat. Daraus, dass das Gesetz den Plural „Zuschüsse" verwendet, folgt, dass nicht einmalige Zahlungen, sondern nur wiederkehrende Leistungen eine Ausgleichungspflicht auslösen können. Diese sind dann ausgleichspflichtig, wenn sie die Vermögensverhältnisse des Erblassers überstiegen haben und nicht durch eine Unterhaltspflicht geboten waren. Ein solches Übermaß ist bei einem vermögenden Erblasser nicht so schnell gegeben wie bei einem Erblasser, der sich selbst einschränken musste, um sein eigenes Kind zu unterstützen. Eine Ausgleichspflicht kommt also nur dann infrage, wenn der Erblasser mit seinen Zuschüssen an die Grenze seiner finanziellen Leistungsfähigkeit gestoßen ist.

Andere Zuwendungen

Aus § 2050 Abs. 3 BGB ergibt sich, dass nicht nur Ausstattungen, sondern auch andere Zuwendungen des Erblassers ausgleichspflichtig sein können. Von einer „anderen Zuwendung" ist auszugehen, wenn eine Zuwendung weder als Ausstattung intendiert noch eine Übermaßausstattung war, es sich also um eine schlichte Schenkung gehandelt hat. Anders als Ausstattungen unterliegt diese dem Schenkungssteuerrecht und kann Pflichtteilsergänzungsansprüche auslösen. Diese entstehen aber vereinfacht gesagt nur, wenn ein Abkömmling gemessen am Nachlass und den lebzeitigen Vermögensabflüssen viel zu kurz gekommen ist.

Witwer W hat zwei Söhne, S und T. Er hat kein Testament errichtet. Sein Nachlass beträgt 200.000 Euro. Weniger als ein Jahr vor seinem Tod hat er T seine Eigentumswohnung im Wert von 200.000 Euro übertragen. Welche Ansprüche hat S?

S hat in diesem Fall rechnerisch keine Pflichtteilsergänzungsansprüche. Er hat einen gesetzlichen Pflichtteilsanspruch von 1/4, hätte also unter Berücksichtigung der Übertragung der Wohnung an T 1/4 aus der Summe von Wohnungs- und Nachlasswert zu bekommen. Das sind 100.000 Euro. Dies entspricht dem, was er aufgrund der gesetzlichen Erbfolge ohnehin erhalten hat. Könnte er auf Basis der Ausgleichungsvorschriften womöglich mehr fordern?

Eine Ausgleichspflicht ist nur dann gegeben, wenn der Erblasser vor oder bei der Zuwendung die Ausgleichung für den Fall seines Todes angeordnet hat und die Voraussetzungen des § 2050 Abs. 1 oder Abs. 2 BGB nicht vorliegen. Ferner muss die Zuwendung zu einer Nachlassminderung geführt haben und darf nicht unter dem Vorbehalt der Rückforderung oder in Erfüllung einer Verbindlichkeit vorgenommen worden sein. Die Zuwendung muss in unmittelbarem Zusammenhang mit der Vermögensübertragung erfolgen, damit der Empfänger sie erkennen kann und die Chance hat, die Zuwendung abzulehnen. Der Erblasser kann sich aber die Möglichkeit vorbehalten, später noch die Ausgleichspflicht im Wege eines Vermächtnisses anzuordnen. Andernfalls kann die Ausgleichung noch durch Vertrag zwischen dem Erblasser und dem Empfänger vereinbart werden. Ist das nicht möglich, kann der Erblasser nur noch durch letztwillige Verfügung ein Vermächtnis zugunsten der anderen Abkömmlinge aussetzen, um diese zu entschädigen. Dieses Vorgehen ist aber nur bei einem sehr werthaltigen Nachlass erfolgversprechend.

Was T in unserem Beispiel von seinem Vater erhalten hat, ist für eine Ausgleichung grundsätzlich geeignet: Durch die Wohnungsübertragung wurde der Nachlass gemindert und die Übertragung erfolgte, ohne dass der Übergeber sich eine Gegenleistung oder ein Rückforderungsrecht vorbehalten hätte. W hat aber nicht ausdrücklich vor oder bei der Zuwendung eine Ausgleichungsanordnung getroffen. Folglich hat S keine Ansprüche gegen T.

Ausgleichung anordnen

Wenn Sie Ihren Abkömmlingen zu Lebzeiten Vermögen übertragen und eine Ausgleichungsanordnung vornehmen wollen, sollten Sie schriftlich erklären, dass Sie die Zuwendung gemäß § 2050 Abs. 3 BGB auf zukünftige Erbansprüche angerechnet wissen wollen. Falls Sie zudem gemäß § 2315 BGB eine Anrechnung auf den Pflichtteils- oder Pflichtteilsergänzungsanspruch wünschen, sollten Sie auch dies schriftlich erklären. Lassen Sie sich das Schriftstück vom Empfänger gegenzeichnen, um den anderen Abkömmlingen die Möglichkeit zu geben, den Zugang der Anordnungserklärung zu beweisen.

Tipp

Sie können als Erblasser eine unterlassene Ausgleichungsanordnung nicht einseitig nachholen, auch nicht durch letztwillige Verfügung. Sie können durch letztwillige Verfügung allerdings von einer einmal ausgesprochenen Ausgleichungs- oder Anrechnungsbestimmung Abstand nehmen.

Durchführung der Ausgleichung

Für die Ausgleichung ist der Wert im Zeitpunkt der Zuwendung maßgeblich, nicht der Wert im Zeitpunkt des Erbfalls oder bei der Auseinandersetzung. Änderungen bei den Lebenshaltungskosten seit der Vermögensübertragung sind dabei zu berücksichtigen. Wenn eine Zuwendung einige Zeit vor dem Erbfall erfolgt ist, muss ihr Wert indexiert, also mit Hilfe des Preisindex für Lebenshaltungskosten auf die heutigen Wertverhältnisse hochgerechnet werden.

In Abwandlung unseres Grundfalles sind Anne, Nina und David die gesetzlichen Erben von Alexander und erhalten nach Abzug der Nachlassverbindlichkeiten insgesamt 100.000 Euro. David hat nach dem Ende seiner Ausbildung anlässlich seiner Hochzeit von Alexander einen Zuschuss zu einer Eigentumswohnung von indexiert 30.000 Euro erhalten und Nina für einen Autokauf indexiert 6.000 Euro. In beiden Fällen erfolgte die Zuwendung mit der Maßgabe, dass sie im Erbfall auf den Erbanteil anzurechnen ist.

Sowohl die Zuwendung an David als auch die an Nina sind als Ausstattung ausgleichungspflichtig, da die gesetzliche Erbfolge gilt. Annes Erbquote beträgt 1/2, die von Nina und David jeweils 1/4.

Da die Ausgleichung nur zwischen Abkömmlingen durchzuführen ist, sind in einem ersten Schritt Annes Erbansprüche aus dem Nachlass herauszurechnen. Annes Wertanteil beträgt 50.000 Euro.

In einem zweiten Schritt ist der Wert sämtlicher ausgleichungspflichtiger Zuwendungen dem Restnachlass von 50.000 Euro hinzuzurechnen. Der erhöhte Gesamtnachlass beträgt in unserem Beispiel 86.000 Euro.

In einem dritten Schritt werden aus diesem erhöhten Gesamtnachlass die Ansprüche der Abkömmlinge berechnet, wobei das Verhältnis ihrer gesetzlichen Erbquoten zueinander maßgeblich ist. Nina und David hätten jeweils einen gleich hohen gesetzlichen Erbteil erhalten (nämlich jeweils 1/4). Sie teilen sich den erhöhten Gesamtnachlass also zu gleichen Teilen: Jeder erhält 43.000 Euro. Auf diesen Betrag muss sich jeder anrechnen lassen, was er ausgleichen muss:

David: 43.000 Euro – 30.000 Euro = 13.000 Euro
Nina: 43.000 Euro – 6.000 Euro = 37.000 Euro

Von den verbliebenen 50.000 Euro erhält Nina also 37.000 Euro und David 13.000 Euro.

Mehrempfang

Was wäre aber, wenn David indexiert 70.000 Euro zu seiner Wohnung dazu erhalten hätte? Schon auf den ersten Blick ist klar, dass sich hierdurch die Berechnung erheblich ändert: Der erhöhte Gesamtnachlass betrüge in diesem Fall 126.000 Euro. Nina und David hätten jeweils einen fiktiven Anspruch von 63.000 Euro. Für David verbliebe nach Abzug „seiner" 70.000 Euro kein Anspruch mehr, Nina hätte nach Abzug der von ihr auszugleichenden 6.000 Euro Anspruch auf 57.000 Euro, also auf einen höheren Betrag als der Nachlass hergibt. Muss David ihr die Differenz erstatten? Die Antwort lautet nein, denn nach § 2056 Satz 1 BGB gibt es keine Nachschusspflicht in den Nachlass. Es wird schlicht neu gerechnet, indem Davids Erbteil und der Wert seiner Ausstattung bei der Aufteilung des Nachlasses außer Betracht bleibt. Klammert man David aus, steht Nina im Ergebnis der gesamte Restnachlass von 50.000 Euro zu. Eine Ausgleichung ihrer 6.000 Euro findet nicht statt, da David ja außer Betracht bleibt und eine Ausgleichung nur im Verhältnis zu ausgleichungsberechtigten Abkömmlingen erfolgt. Ergebnis: Nina und Anne teilen in dieser Abwandlung den Nachlass von 100.000 Euro hälftig unter sich auf.

ZUWENDUNGEN EINES ABKÖMMLINGS AUSGLEICHEN

Anders als bei den anderen Ausgleichungsvorschriften geht es bei dem Anspruch aus § 2057a BGB nicht um die Ausgleichung besonderer Leistungen des Erblassers, sondern eines Abkömmlings:

§

„Ein Abkömmling, der durch Mitarbeit im Haushalt, Beruf oder Geschäft des Erblassers während längerer Zeit, durch erhebliche Geldleistungen oder in anderer Weise in besonderem Maße dazu beigetragen hat, dass das Vermögen des Erblassers erhalten oder vermehrt wurde, kann bei der Auseinandersetzung eine Ausgleichung unter den Abkömmlingen verlangen, die mit ihm als gesetzliche Erben zur Erbfolge gelangen [...]" (§ 2057a Abs. 1 BGB)

Mitarbeit im Haushalt

Mitarbeit im Haushalt leistet, wer den Erblasser über einen längeren Zeitraum durch körperliche oder geistige Tätigkeit in Geschäft, Beruf und Privathaushalt unterstützt. Zu den Handreichungen im Privathaushalt gehören z. B. Waschen, Kochen, das Putzen der Wohnung oder die Unterstützung beim Einkauf.

05

Unterstützung beim Beruf

Mit Unterstützung beim Beruf des Erblassers sind neben der unmittelbaren Mitarbeit im Betrieb auch allgemeine Unterstützungshandlungen im Zusammenhang mit der Berufsausübung gemeint, z. B. tägliche Fahrten zur Arbeitsstätte oder das Erledigen der Korrespondenz. Die Mitarbeit muss in besonderem Maße dazu beigetragen haben, das Vermögen des Erblassers zu erhalten oder zu vermehren. Den Beweis dafür kann der Abkömmling führen, indem er darlegt, dass ohne seine Hilfe eine Arbeitskraft hätte eingestellt werden müssen. Nicht gefordert wird, dass die Mitarbeit vom Abkömmling höchstpersönlich erbracht sein muss. Es genügt, wenn ein Familienmitglied des Abkömmlings die Leistung für diesen Abkömmling erbracht hat; typisches Beispiel ist die Schwiegertochter, die für ihren Mann dessen Eltern unterstützt.

Geldleistungen

Welchem Zweck die Geldleistungen des Abkömmlings dienten und an wen sie ausgezahlt wurden, ist nicht relevant. Entscheidend ist, dass sie gemessen an den Vermögensverhältnissen des Erblassers „erheblich" waren und zur Erhaltung und Vermehrung des Erblasservermögens beigetragen haben. Nicht hierher gehören allerdings Geldleistungen, die im Rahmen einer gesetzlichen Unterhaltspflicht erfolgt sind. Wer z. B. Darlehensverbindlichkeiten des Erblassers tilgt oder Renovierungsmaßnahmen von einigem Umfang am Anwesen der Eltern finanziert, kann hiernach Anspruch auf eine Ausgleichung haben. Das Gleiche gilt, wenn ein Abkömmling für den Erblasser Leistungen anderer Art erbringt, z. B. für den Erblasser bürgt oder ihm ein Darlehen gewährt.

Pflege des Erblassers

Am häufigsten kommt § 2057a BGB zur Anwendung, wenn der Abkömmling den Erblasser längere Zeit gepflegt hat. Der Verzicht auf eigenes Einkommen, der in der alten Fassung des § 2057a BGB noch verlangt wurde, ist heute nicht mehr notwendig. Der Abkömmling kann auch neben seiner eigenen Berufsausübung die oben beschriebenen Leistungen, insbesondere Pflegeleistungen, erbringen bzw. erbringen lassen.

Vermögenserhalt oder -vermehrung

Ein Abkömmling ist nur ausgleichungsberechtigt, wenn er in besonderem Maße dazu beigetragen hat, das Vermögen des Erblassers zu erhalten oder zu vermehren: Er kann in einzelne Vermögensgegenstände investiert, Verbindlichkeiten des Erblassers erfüllt oder durch seinen Einsatz erreicht haben, dass das Vermögen des Erblassers geschont wurde. Klassisches Beispiel ist, dass durch die Pflegeleistungen eines Kindes eine professionelle Pflegekraft eingespart oder der Umzug in ein Seniorenheim verhindert wird.

Ausgleichungsberechtigte

Das Ausgleichsrecht besteht nur unter den Abkömmlingen, die gesetzliche Erben sind. Hat der Ehepartner des Erblassers Leistungen im Sinne der Vorschrift erbracht, hat er keine Ausgleichungsansprüche, da er im gesetzlichen Güterstand durch § 1371 BGB und bei der Gütertrennung durch § 1931 Abs. 4 BGB hinreichend entschädigt wird.

Ausschluss des Ausgleichungsrechts

Ein Ausgleichungsanspruch besteht nur, wenn der Abkömmling nicht schon anderweitig für seine Leistungen entschädigt wurde. Wenn er für sie ein Entgelt erhalten hat, ihm Ansprüche aus ungerechtfertigter Bereicherung oder Geschäftsführung ohne Auftrag zustehen oder er nach dem Tod des Erblassers ein gewährtes Darlehen zurückverlangen kann, würde die Ausgleichung ihren Zweck als Korrektiv für besonders ungerechte Konstellationen verfehlen. Es ist nicht erforderlich, dass das Erlangte die Leistung des Kindes aufwiegt oder gar übersteigt; entscheidend ist, ob dem Kind für seine Leistung überhaupt etwas zugeflossen ist.

Höhe des Ausgleichsanspruchs

Im Gegensatz zur Ausgleichung nach § 2050 BGB geht es bei § 2057a BGB nicht darum, den Wert der besonderen Leistungen des Kindes und ihrer Auswirkungen auf den Nachlass vollständig zu ersetzen. Die Höhe der Ausgleichspflicht richtet sich vielmehr nach der Billigkeit. Hierbei sind Dauer und Umfang der Leistung sowie der Wert des Nachlasses zu berücksichtigen. Relevant sind z. B. Art und Dauer einer Pflegetätigkeit, der tägliche Aufwand für die Mitarbeit in Betrieb oder Privathaushalt des Erblassers oder die Höhe der Geldbeträge, die der Abkömmling dem Erblasser zur Verfügung gestellt hat.

Tipp

Damit Häufigkeit der Pflege und Pflegeintensität nicht bestritten werden können, sollten Sie mit Ihren Eltern einen Pflegevertrag schließen, in dem die von Ihnen zu erbringenden Pflegeleistungen geregelt sind. Da sich diese je nach Pflegebedürftigkeit immer wieder ändern können, empfiehlt es sich, den Vertrag jeweils an die neuen Bedürfnisse anzupassen. Vereinbaren Sie außerdem eine angemessene Vergütung und bauen Sie nur dann auf die Ausgleichung nach § 2057a BGB, wenn das nicht möglich sein sollte. Abschließend raten wir Ihnen, über Ihre Leistungen ein Pflegetagebuch zu führen und sich Ihre Einträge solange wie möglich von Ihren Eltern abzeichnen lassen.

Etwaige Einnahmen aus der Pflegeleistung sind laut Bundesfinanzhof nicht einkommensteuerpflichtig:

„Hat der Steuerpflichtige einen pflegebedürftigen Angehörigen in seinen Haushalt aufgenommen, um ihn dort zu pflegen und zu versorgen, und erhält er dafür aus dem Vermögen des Pflegebedürftigen Geldbeträge, so vollziehen sich diese Leistungen und die empfangenen Zahlungen im Regelfall im Rahmen der familiären Lebensgemeinschaft. Sie erfüllen grundsätzlich nicht die Voraussetzungen des Erzielens von Einkünften im Sinne des § 2 EStG [...] Für die Beurteilung spricht, dass der Steuergesetzgeber durch das Jahressteuergesetz 1996 die – insoweit klarstellende – Regelung des § 3 Nr. 36 EStG eingeführt hat und sich dabei ausdrücklich auf das in diesem Rechtsstreit ergangene Urteil des FG berufen hat." (Bundesfinanzhof, Urteil vom 14.9.1999, Az. IX R 88/95)

In der erbrechtlichen Praxis ist die Geltendmachung der Ausgleichsansprüche gemäß § 2057a BGB aufgrund der schwammigen Regelungen und der Ausgleichung lediglich nach Billigkeit äußerst problematisch. Wir wollen Ihnen dies anhand eines Beispiels vor Augen führen:

Anders als im Grundfall hat Alexander kein Testament errichtet. Sein Nachlass hat einen Wert von insgesamt 275.000 Euro. Nina hat Alexander jahrelang aufopferungsvoll gepflegt und einiges in sein und Helenas Anwesen investiert. David hingegen wollte von Alexander in den letzten Jahren trotz Alexanders Versöhnungsversuchen nichts mehr wissen. Der Wert von Ninas Leistungen beträgt für Pflege und Investitionen jeweils ca. 30.000 Euro, insgesamt also 60.000 Euro.

Anne hat einen gesetzlichen Erbanspruch von 1/2, Ninas und Davids Anteil beträgt jeweils 1/4. Nach § 2057a Abs. 4 BGB werden zunächst die Ansprüche der nicht an der Auseinandersetzung beteiligten Erben vom Reinnachlass abgezogen: Anne nimmt mit ihrem hälftigen Anteil von 137.500 Euro nicht an der Ausgleichung teil, da sie kein Abkömmling von Alexander ist. Der Restnachlass beträgt 137.500 Euro.

Sodann werden die auszugleichenden Leistungen bewertet. Bei der Ausgleichung nach § 2057a BGB ist immer zu beachten, dass sie nur „nach Billigkeit" erfolgt. Ob Nina in unserem Fall Zahlung der kompletten 60.000 Euro verlangen kann, einen geringeren Betrag oder gar nichts, ist von der Argumentation abhängig. Eine „richtige" Lösung gibt es hier nicht, man kann verschiedene Standpunkte vertreten. Ein Richter müsste sicherlich überlegen, wie er es wertet, dass Nina jahrelang mietfrei in Alexanders und Helenas Anwesen gewohnt hat. Das stellt zwar für die Investitionen und die Pflegeleistungen keinen vollständigen Ausgleich dar, ist aber jedenfalls ein gewisser Gegenwert für ihre Leistungen. Man könnte beispielsweise vertreten, dass zumindest die Ausgleichungssumme für ihre Investitionen um die ersparte Kaltmiete zu kürzen ist, oder weniger mathematisch argumentieren, dass Nina für ihre Investitionen überhaupt keinen Ausgleich oder nur einen sehr geringen Betrag erhalten sollte, weil sie immerhin mietfrei gewohnt hat. Es ließe sich sogar vertreten, dass sie durch das mietfreie Wohnen nicht nur für die Investitionen, sondern auch für ihre Pflegeleistungen einen Gegenwert erhalten hat mit der Folge, dass zusätzlich der Ausgleichsbetrag für die Pflegeleistungen zu kürzen ist oder gar komplett entfällt.

Wir halten es in unserem Beispiel für gut vertretbar, die ersparte Miete als ausreichenden Gegenwert für die Investitionen anzusehen, egal wie hoch die Investitionen und die ersparte Miete jeweils waren. Auch noch die Ausgleichung für die Pflegeleistungen zu kürzen, wäre aber zu hart. David hat sich im Gegensatz zu Nina überhaupt nicht für Alexander engagiert und auch für ihn bleibt noch einiges an Restnachlass, wenn man Nina den Wert ihrer Leistungen – 30.000 Euro – komplett vorab auszahlt. Wäre der verbleibende Nachlasswert deutlich geringer, müsste man den Ausgleichungsbetrag je nach Einzelfall auf einen gerechten Wert kürzen, damit David nicht zu schlecht wegkommt. Nina in Höhe von 30.000 Euro zu belohnen, entspräche in unserem Beispiel aber sowohl angesichts ihrer Leistungen und der erhaltenen Gegenwerte als auch gemessen an dem, was noch zur Verteilung übrig bleibt, der Billigkeit.

Vom Restnachlass in Höhe von 137.500 Euro sind Ninas 30.000 Euro vorab abzusetzen. Von den verbleibenden 107.500 Euro erhält David 1/2 (53.750 Euro) und Nina 1/2 zuzüglich des Ausgleichungsbetrages von 30.000 Euro, insgesamt also 83.750 Euro.

VEREINBARUNGEN VOR DER ERBTEILUNG

Ausschluss der Auseinandersetzung

Sie und Ihre Miterben können die Auseinandersetzung durch einen einstimmigen Beschluss vorübergehend oder dauerhaft ausschließen. Eine solche Vereinbarung können Sie formlos treffen. Es empfiehlt sich allerdings, sie schriftlich festzuhalten, damit Sie sie ggf. nachweisen können. Ausschlussvereinbarungen wirken nur zwischen den Miterben. Sollte es also später zu einer Nachlassverwaltung oder Nachlassinsolvenz kommen, sind die vom Gericht eingesetzten Verwalter nicht an sie gebunden.

Alexander hat in seinem Testament lediglich bestimmt, dass Nina seine Grundstücksanteile erhalten soll. Das Testament ist insgesamt unklar formuliert, ein Erbe nicht ausdrücklich benannt und Anne, Nina und David sind sich nicht sicher, ob Alexander eine Teilungsanordnung oder ein Vermächtnis anordnen wollte oder ob Nina gar seine Alleinerbin werden sollte.

Was der Erblasser mit seinem Testament sagen wollte, muss das Gericht ermitteln, nicht die Miterben. Trotzdem können bei unklaren Testamenten die Beteiligten mit einem Testamentsauslegungsvertrag oder mit einem Erbvergleich langwierige Prozesse oder Erbstreitigkeiten vermeiden. Sollten sich Anne, Nina und David z. B. darüber einig sein, dass Alexander das Testament nur deshalb errichtet hat, um klarzustellen, dass Nina seine Grundstücksanteile erhalten soll, während er im Übrigen mit dem Eintritt der gesetzlichen Erbfolge einverstanden war, sollten sie einen Auslegungsvertrag schließen.

Auslegungsvertrag

Ein Auslegungsvertrag ist eine Vereinbarung über den Inhalt einer letztwilligen Verfügung. Die Beteiligten verpflichten sich darin schuldrechtlich, die im Vertrag vorgesehenen Rechtsfolgen herbeizuführen. Häufig werden mit dem Auslegungsvertrag Übertragungsgeschäfte oder Vereinbarungen über einen Erbverzicht oder über einen Erbschaftskauf verbunden. Dann bedarf ein solcher Vertrag der notariellen Beurkundung. Der Auslegungsvertrag ist in der Praxis hilfreich. Er bindet das Nachlassgericht aufgrund des Amtsermittlungsgrundsatzes zwar nicht, wenn Anne, Nina und David aber einen übereinstimmenden Erbscheinsantrag stellen und ihre Auffassung gemeinsam gegenüber dem Nachlassgericht vertreten, kann dies das Nachlassgericht durchaus überzeugen.

Erbvergleich

Nach § 779 BGB können die Beteiligten auch einen Vergleichsvertrag abschließen, der die Ungewissheit über einzelne Erbteile oder über die den Erben zufallenden Beträge einvernehmlich beseitigt. In unserem obigen Beispiel ist nicht nur unklar, wen Alexander als Erben bestimmen wollte, sondern auch, wer eigentlich welche Ansprüche an den Nachlass stellen kann. Da Alexander nämlich auch nicht klargemacht hat, ob Nina die Grundstücksanteile als (überquotale) Teilungsanordnung oder Vorausvermächtnis erhalten sollte – hierzu gleich mehr –, können Anne, Nina und David nicht genau sagen, ob Nina für ihre Grundstücksanteile nun etwas bezahlen muss oder nicht und wie hoch ggf. der Anspruch ist. Falls es ihnen gelingt, hier eine faire Lösung für alle Beteiligten zu finden, können sie dies in einem Erbvergleich niederlegen und diese Streitpunkte schon vor der eigentlichen Nachlassteilung beilegen.

SO KÖNNEN SIE ALS ERBLASSER EINFLUSS AUF DIE NACHLASSTEILUNG NEHMEN

TEILUNGSANORDNUNG UND VORAUSVERMÄCHTNIS

Alexander hat sich anwaltlich beraten lassen und in seinem Testament bestimmt: „Nina soll alle meine Anteile an meinem Hausgrundstück sowie meine Anteile an der nicht auseinandergesetzten Erbengemeinschaft nach Helena im Wege der reinen Teilungsanordnung erhalten, das heißt unter Anrechnung auf ihren Erbteil bzw. Ausgleichung aus ihrem sonstigen Vermögen."

Wie im 2. Kapitel bereits kurz erwähnt, kann der Erblasser seinen Erben Vorgaben für die Abwicklung des Nachlasses machen. Er wird sich einer Teilungsanordnung bedienen, wenn er den Empfänger-Miterben nicht vermögensmäßig begünstigen möchte. Bei einer reinen Teilungsanordnung muss der Begünstige nämlich im Zuge der Auseinandersetzung einen angemessenen Wertausgleich an die Miterben leisten. Durch Vorausvermächtnisse wird einem Miterben hingegen ein besonderer Vermögensvorteil zusätzlich zu seinem Erbteil zugewandt.

Überquotale Teilungsanordnung

Es gibt auch ein Mittelding zwischen beiden Anordnungen: die sogenannte überquotale Teilungsanordnung. Diese formuliert man im Idealfall wie folgt: „Falls ein Erbe durch eine Teilungsanordnung wertmäßig mehr erhält, als es seiner Erbquote entspricht, so ist dieser Überschuss als Vorausvermächtnis angeordnet, sodass ein Ausgleich insoweit nicht stattfindet. Das Vorausvermächtnis wird unter der Bedingung der Annahme der Erbschaft angeordnet und fällt erst bei der Auseinandersetzung des Nachlasses an."

Was ist der Unterschied zu einem bloßen Vorausvermächtnis? Ein Vorausvermächtnis wird in vollem Umfang zusätzlich zum Erbteil des Begünstigten geleistet. Bei einer überquotalen Teilungsanordnung hingegen erhält er nur das über seinen Erbteil Hinausgehende als Vorausvermächtnis und muss dafür keinen Ausgleich leisten.

Hat der Erblasser nicht klar formuliert, welche Anordnungsbestimmung er treffen wollte, muss sein Wille durch Auslegung ermittelt werden. Insbesondere muss der an einem Vorausvermächtnis interessierte Miterbe – das wäre hier Nina – beweisen, dass der Erblasser ihr gegenüber einen entsprechenden Begünstigungswillen hatte. Im Beispiel hat Alexander aber sehr deutlich bestimmt, dass Nina seine Grundstückshälfte und alles, was ihm an der Erbengemeinschaft nach Helena gehört, im Wege der reinen Teilungsanordnung erhalten soll. Nina hat also einen Wertausgleich zu leisten, soweit das Grundstück ihren eigenen Erbanteil wertmäßig übersteigt. Kann sie dies nicht finanzieren oder legt sie aus anderen Gründen auf das Anwesen keinen Wert mehr, muss sie im Zuge der Erbauseinandersetzung auf die Durchführung der Teilungsanordnung verzichten. Die Teilungsanordnung gibt ihr nämlich nur ein Übernahmerecht, keine Übernahmepflicht.

Abgesehen von der Frage des Wertausgleichs hat die Unterscheidung zwischen Teilungsanordnung und Vorausvermächtnis noch in anderer Hinsicht rechtliche Bedeutung: Ein Vorausvermächtnis kann schon vor der Erbteilung geltend gemacht werden (§ 2176 BGB). Der Begünstigte erlangt den Vermächtnisgegenstand frei von Rechten der Nacherben und ohne Haftungsrisiko für Nachlassverbindlichkeiten. Gegenstände, die im Wege der Teilungsanordnung, selbst der überquotalen, vermacht werden, gehören dagegen bis zur Auseinandersetzung zum normalen Nachlass und können von Gläubigern unproblematisch verwertet werden.

WEITERE ANORDNUNGEN

Der Erblasser kann seinen Erben mittels Auseinandersetzungsanordnung Lasten aufbürden, etwa einem Miterben bestimmte Nachlassschulden auferlegen. Alexander könnte Nina z. B. seine Grundstücksanteile als überquotale Teilungsanordnung oder Vorausvermächtnis zuwenden, ihr im Gegenzug aber aufgeben, sich zeitlebens um die Grabpflege zu kümmern. Er kann einem Miterben auch die Pflicht zur Übernahme eines Nachlassgegenstandes auferlegen und regeln, ob ein Wertausgleich zu leisten ist. Die Pflicht zur Übernahme entsteht mit dem Erbfall.

Häufig handelt es sich bei vermeintlichen Auflagen und Auseinandersetzungsanordnungen des Erblassers um bloße moralische Appelle, unverbindliche Wünsche, Ratschläge und Überlegungen, die keine verpflichtende Wirkung haben. Ob der Erblasser den Erben wirklich rechtlich binden wollte, muss im Wege der Auslegung geklärt werden.

Tipp

Fühlen Sie sich als Erbe durch die Anordnungen des Erblassers über Gebühr belastet, können Sie Ihre Erbschaft innerhalb der gesetzlichen Frist ausschlagen. Sind Sie als Kind, Elternteil oder Ehegatte des Erblassers pflichtteilsberechtigt, können Sie anschließend Ihren Pflichtteil verlangen, gehören aber nicht mehr zum Kreis der Erben. Gehören Sie nicht zum Kreis der Pflichtteilsberechtigten, gehen Sie leer aus, sind aber wenigstens nicht belastet.

Der Erblasser kann außerdem anordnen, dass die Auseinandersetzung nach billigem Ermessen eines Dritten zu erfolgen hat. Die Erbeinsetzung selbst kann der Erblasser einem Dritten allerdings nicht überlassen, seine Erben muss er schon selbst bestimmen.

WIE DER NACHLASS GETEILT WERDEN KANN

TEILUNG IN NATUR

Für eine Teilung in Natur müssen sich im Nachlass mehrere zerlegbare Gegenstände befinden. Durch die Zerlegung müssen gleichartige Teile entstehen, die dem Anteil der Teilhaber entsprechen. Sie darf nicht dazu führen, dass sich der Wert der betroffenen Gegenstände mindert. Teilbar sind Geld, Forderungen und andere sogenannte vertretbare Gegenstände. Wertpapiere sind teilbar, wenn eine Stückelung möglich ist. Sammlungen (Münzen, Briefmarken etc.) sind in der Regel nicht teilbar, da ihr Gesamtwert meist höher ist als der Wert ihrer Einzelstücke; bei der Teilung würde ihr Wert erheblich sinken.

Immobilien

Unbebaute Grundstücke sind durch Neuvermessung und Bildung von Teilflächen in der Regel teilbar, bebaute Grundstücke oder Gebäude hingegen nicht, da sich hier keine gleichwertigen, den Anteilen der Miterben genau entsprechenden Anteile bilden lassen. Eine Aufteilung in Wohnungseinheiten bzw. Teileigentum entspräche nicht dem Sinn und Zweck der §§ 749 Abs. 2, 752 BGB, denn durch eine solche Aufteilung entsteht eine Wohnungseigentümergemeinschaft die gemaß § 11 WEG unauflöslich ist. Die Erbengemeinschaft soll aber gerade nicht unauflösbar sein, sondern jederzeit auseinandergesetzt werden können. Bei der Aufteilung bebauter Grundstücke oder Gebäude in Teileigentum handelt es sich deshalb um eine Maßnahme der außerordentlichen Verwaltung, die nur einstimmig beschlossen werden kann.

Dass ein Gegenstand geteilt wird, können Sie als Maßnahme der ordnungsgemäßen Verwaltung mit einfacher Mehrheit der Miterben beschließen. An der Umsetzung der Teilung, z. B. der Umschreibung eines Grundstücks auf einzelne Miterben, müssen aber alle Teilhaber mitwirken. Sperrt sich einer der Miterben, kann er verklagt und zur Mitwirkung gezwungen werden.

ZWANGSVERKAUF UND VERSTEIGERUNG

Ist die Teilung in Natur ausgeschlossen, können Sie die Aufhebung der Gemeinschaft nur durch Verkauf der nicht zerlegbaren Gegenstände bewirken. Grundstücke werden ggf. teilungsversteigert und der Erlös verteilt. Ist die freihändige Veräußerung eines Gegenstandes der Erbengemeinschaft an einen Dritten aufgrund Gesetzes, vertraglicher Absprachen oder Anordnungen des Erblassers ausgeschlossen, so ist der Gegenstand unter den Miterben zu versteigern.

Eine Teilungsversteigerung kann das letzte Mittel sein, um die Erbauseinandersetzung im Fall einer Pattsituation oder einer erheblichen Verzögerung voranzubringen. Teilungsversteigern kann man Grundstücke, Erbbaurechte, Schiffe, Schiffsbauwerke oder Luftfahrzeuge. Sie und Ihre Miterben können jederzeit einen Antrag auf Einleitung des Versteigerungsverfahrens stellen, es sei denn, der Erblasser hat in seiner letztwilligen Verfügung die Teilungsversteigerung verboten oder Sie haben innerhalb der Erbengemeinschaft einvernehmlich deren Ausschluss vereinbart. Beantragt ein Miterbe die Teilungsversteigerung entgegen einem solchen Verbot oder einer solchen Vereinbarung, können sich die Miterben mit einer Drittwiderspruchsklage wehren.

Ist die Versteigerung erfolgreich beendet, wird der Versteigerungserlös nach Abzug der Verfahrenskosten durch das Gericht unter den Miterben verteilt, wenn spätestens im Versteigerungstermin eine entsprechende Erklärung aller Miterben vorliegt. Da ihnen der Erlös gemeinschaftlich zusteht, müssen sie entscheiden, was mit ihm geschehen soll. Die Verteilung unter den Miterben ist dabei nur eine Möglichkeit, eine andere wäre z. B. die Überweisung auf ein Konto der Erbengemeinschaft oder auch die Auszahlung an bestimmte Gläubiger. Können sich die Erben nicht einigen und liegt auch noch kein Gerichtsurteil vor, das über die Verteilung des Erlöses bestimmt, hinterlegt das Gericht den Reinerlös bei seiner Hinterlegungsstelle. Zur Auszahlung kommt es dann erst, wenn entweder eine übereinstimmende Erklärung aller Miterben vorliegt oder die Zustimmungserklärungen der unwilligen Miterben durch Urteil ersetzt wurden.

ERBTEILSÜBERTRAGUNG UND ABSCHICHTUNG

Möchten Sie nicht bis zur Erbauseinandersetzung warten oder können Sie dies aus finanziellen Gründen nicht, haben Sie nach § 2033 BGB die Möglichkeit, Ihre Rechte an der Erbengemeinschaft aufzugeben, indem Sie Ihren Erbanteil durch notarielle Vereinbarung mit einem oder mehreren Miterben auf diese(n) übertragen.

Abschichtung

Einen ähnlichen Zweck können Sie mit der sogenannten Abschichtung erreichen, einem von der Praxis entwickelten und von der Rechtsprechung mittlerweile akzeptierten Instrument der „persönlichen Teilauseinandersetzung" der Erbengemeinschaft. Bei der Abschichtung wird die Erbengemeinschaft nicht dadurch teilabgewickelt, dass ein bestimmter Gegenstand vor der eigentlichen Erbteilung aus dem Nachlass herausgelöst wird, sondern indem ein Miterbe seine Erbanteile insgesamt gegen eine Abfindung aufgibt. Dadurch fällt er aus der Erbengemeinschaft und seine Anteile wachsen automatisch den übrigen Miterben an (§§ 1935, 2094 BGB). Bleibt nur ein Miterbe übrig, erlangt dieser das Alleineigentum am Nachlass: Die Erbengemeinschaft ist ohne „echte" Auseinandersetzung beendet. Es bedarf hier keiner rechtsgeschäftlichen Erbteilsübertragung, weshalb die Abschichtungsvereinbarung nicht nur formfrei, sondern auch kostengünstiger ist. Formbedürftig ist die Vereinbarung nur dann, wenn als Abfindung die Leistung eines Gegenstandes vereinbart wird, der nur durch formbedürftiges Rechtsgeschäft übertragen werden kann, etwa wenn der Abschichtende ein Grundstück oder einen GmbH-Anteil erhalten soll.

> **Tipp**
>
> Lassen Sie den Abschichtungsvertrag aus Gründen der Rechtssicherheit und -klarheit in jedem Fall notariell beurkunden. Die notarielle Protokollierung hat eine nicht zu unterschätzende Warnfunktion, die verhindern soll, dass Sie „zwischen Tür und Angel" und gegen eine womöglich unangemessen niedrige Abfindung aus der Erbengemeinschaft gedrängt werden.

DER AUSEINANDERSETZUNGSVERTRAG

ALLGEMEINES

Wenn Sie sich mit Ihren Miterben über die Aufteilung des Nachlasses geeinigt haben, müssen Sie diese vertraglich fixieren. In einem Auseinandersetzungs- oder Erbteilungsvertrag halten Sie die endgültige Verteilung des Nachlasses in Gestalt eines Teilungsplanes fest. Eine bestimmte Form ist für den Vertrag nicht vorgeschrieben. Er kann ausdrücklich mündlich, schriftlich oder sogar durch schlüssiges Handeln geschlossen werden. Je komplizierter und/oder werthaltiger der Nachlass ist, desto sorgfältiger sollten Sie vorgehen. Müssen Sie wegen der Aufteilung einer geerbten Immobilie oder eines GmbH-Anteils ohnehin zum Notar, weil hier eine notarielle Vereinbarung zwingend erforderlich ist, können Sie bei der Gelegenheit auch gleich einen formal optimalen Auseinandersetzungsvertrag schließen. Wie der Auslegungsvertrag hat auch der Auseinandersetzungsvertrag Vergleichscharakter.

Vertragsparteien

Vertragsparteien beim Auseinandersetzungsvertrag sind z. B.

- die Miterben,
- der Erbteilserwerber oder
- Pfändungsgläubiger nach Eintritt der Pfandreife.

Ein Nacherbe muss beim Auseinandersetzungsvertrag nicht mitwirken, da zwischen Vor- und Nacherben keine auseinandersetzungsfähige Erbengemeinschaft besteht.

Vor dem Tod des Erblassers ist eine Auseinandersetzungsvereinbarung unwirksam.

FREIWILLIGE ABWEICHUNGEN VON DER ERBQUOTE

Versehentliche Abweichungen

Erhält ein Miterbe im Zuge des Vertrages „aus Versehen“ mehr, als ihm nach der letztwilligen Verfügung oder dem Gesetz wertmäßig zugestanden hätte, ist er nicht zu einer Ausgleichsleistung verpflichtet. Häufig werden die Werte der auseinanderzusetzenden Gegenstände nicht durch Sachverständigengutachten ermittelt. Vielmehr wird der Wert „Pi mal Daumen“ geschätzt und zur Grundlage der Vereinbarung gemacht. Dass der eine oder andere Miterbe dadurch mehr bekommt, als ihm eigentlich zugestanden hätte, wird allseits in Kauf genommen. Mehrempfänge, die hieraus resultieren, sind regelmäßig keine Schenkungen im Rechtssinne.

Bewusste Abweichungen

Es ist aber auch möglich und in der Praxis durchaus üblich, einen Miterben im Zuge der Auseinandersetzung bewusst zu bevorzugen.

05

Alexander verfügt neben seinem Grundstücksanteil im Wert von 175.000 Euro über einen Nachlass von 100.000 Euro, also insgesamt über 275.000 Euro. Anne und David möchten, dass Nina im Zuge der Auseinandersetzung nach Alexander dessen komplette Grundstückshälfte erhält, ohne einen Ausgleich zu zahlen. Den Restnachlass wollen sie unter sich aufteilen. Nina soll ihnen keinen Ausgleich für ihren Mehrempfang zahlen müssen.

Anne, David und Nina erben laut Testament jeweils 1/3. Jeder hat also einen Anspruch auf rund 92.000 Euro. Nina erhält mit dem Haus einen Wert von 175.000 Euro, Anne und David erhalten jeweils 50.000 Euro aus dem Nachlass. Jeder von ihnen schenkt Nina daher im Rechtssinne einen Betrag von 42.000 Euro. Diese Zuwendung ist schenkungssteuerpflichtig. Anne ist Ninas Mutter, Schenkungen durch sie unterliegen der Steuerklasse I. Da David Ninas Bruder ist, muss Nina seine Zuwendung nach Steuerklasse II versteuern. Nach Anne muss Nina keine Steuern zahlen, da sie in den Genuss eines Freibetrages von 400.000 Euro kommt. Davids Zuwendung ist hingegen steuerpflichtig: Der Freibetrag von 20.000 Euro ist in unserem Beispiel um 22.000 Euro überschritten. Diesen Betrag muss Nina mit 15 % versteuern. Sie muss also einen Betrag von 3.300 Euro an das Erbschaftssteuerfinanzamt abführen.

TEILUNGSPLAN

Wir wollen Ihnen nachfolgend am Beispiel unseres Grundfalls zeigen, wie in groben Zügen ein Teilungsplan aussehen könnte. Bitte bedenken Sie, dass es für eine solche Vereinbarung keine strengen Formvorschriften gibt. Der Checkliste können Sie entnehmen, welche Fragen anzusprechen und zu regeln sind.

Was im Teilungsplan zu regeln ist:

- Wie ist die erbrechtliche Ausgangslage?
- Wer schließt den Vertrag?
- Aus welchen Aktiva und Passiva setzt sich der Nachlass zusammen?
- Was ist schon geregelt?
- Wie sind die Erbquoten verteilt?
- In diesem Zusammenhang: Gibt es Verschiebungen aufgrund von Ausgleichungen und Anrechnungsbestimmungen?
- Wie sollen die noch vorhandenen Nachlassgegenstände verteilt werden?
- Falls ein Miterbe mehr erhält als seine Quote: Hinweis auf Teilungsanordnungen und Vorausvermächtnisse
- Wer trägt die Kosten des Vertrags?
- Hinweis auf eine etwaige Steuerlast

Um nicht zu riskieren, dass nach dem Abschluss des Vertrages neuer Streit entsteht, sollten Sie in dem Vertrag vorsorglich auch darauf hinweisen, dass jeder Miterbe selbst für die Versteuerung seines Erbteils verantwortlich ist, insbesondere auch für die schenkungssteuerliche Veranlagung etwaiger Mehrempfänge. Wir hatten soeben erläutert, dass ein Miterbe, der im Zuge der Auseinandersetzung mehr erhält, als ihm nach seiner Quote zustünde, unter Umständen steuerpflichtig sein kann.

Eine Regelung der Kosten ist jedenfalls dann erforderlich, wenn der Vertrag notariell protokolliert wird.

Alexander hat Anne, Nina und David zu je 1/3 als Erben eingesetzt und folgende Teilungsanordnung getroffen: „Nina soll alle meine Anteile an meinem Hausgrundstück sowie meine Anteile an der nicht auseinandergesetzten Erbengemeinschaft nach Helena im Wege der reinen Teilungsanordnung erhalten, das heißt unter Anrechnung auf ihren Erbteil bzw. Ausgleichung aus ihrem sonstigen Vermögen."

Das Hausgrundstück ist aktuell 350.000 Euro wert. Alexander hatte weiteres Vermögen in Höhe von 100.000 Euro. Seine Nachlassverbindlichkeiten inkl. Beerdigungskosten betrugen 8.000 Euro. Helena verfügte über kein weiteres Vermögen, aber über Nachlassverbindlichkeiten inkl. Beerdigungskosten von 10.000 Euro, die Alexander komplett bezahlt hatte. Sämtliche Nachlassverbindlichkeiten sind also bei der Auseinandersetzung bereits bereinigt. Erbscheine für die Erbfolge nach Alexander und Helena sind erteilt.

Nina möchte von der Teilungsanordnung Gebrauch machen. Ihr stehen an Alexanders Nachlass wertmäßig 92.000 Euro zu, an Helenas Nachlass rund 43.000 Euro, insgesamt also rund 135.000 Euro. Im Übrigen muss sie ihre Miterben auszahlen. Anne möchte bis an ihr Lebensende weiter in dem Haus wohnen. Sie möchte ein Wohnrecht ins Grundbuch eingetragen haben und bietet Nina an, ihr 40.000 Euro auf ihre Ausgleichsforderung nachzulassen. Nina willigt ein.

Anne, Nina, David, Oliver und Veras Erben müssten eine Vereinbarung nach folgendem Muster schließen:

Teilungsplan

1. Darstellung der erbrechtlichen Ausgangslage

Helena, geb. am ... in ..., zuletzt wohnhaft in ..., ist am ... in ... verstorben und aufgrund Gesetzes zunächst von ihrem Ehemann Alexander zu 3/4, ihrem Bruder Oliver zu 1/8 und ihrer Schwester Vera zu 1/8 beerbt worden.

Vera, zuletzt wohnhaft in ... ist am ... in ... verstorben und laut Erbschein des Nachlassgerichts ... vom ... aufgrund Gesetzes von ihren Kindern ... zu je gleichen Teilen beerbt worden.

Alexander, zuletzt wohnhaft in ... ist am ... in ... verstorben und laut Erbschein des Nachlassgerichts ... vom ... aufgrund letztwilliger Verfügung beerbt worden von Anne, David und Nina zu je 1/3. Testamentsvollstreckung ist nicht angeordnet. Alexander war mit Anne in zweiter, am ... geschlossenen Ehe im gesetzlichen Güterstand verheiratet.

Die Erbfolge nach Helena stellt sich laut Erbschein des Nachlassgerichts ... vom ... nunmehr wie folgt dar: Anne, Nina und David sind Erben zu je 1/4, Oliver ist Erbe zu 1/8 und Veras Kinder sind Erben zu je 1/32.

2. Zusammensetzung des Nachlasses von Helena

a) Aktiva
1/2 Grundstücksanteil, Wert: 175.000 Euro

Mobiliar und Hauseinrichtungsgegenstände: ohne besonderen Wert

b) Passiva
(genaue Bezeichnung) inkl. Beerdigungskosten: 10.000 Euro; diese sind von Alexander beglichen worden.

Die Verteilungsmasse beträgt 175.000 Euro.

3. Zusammensetzung des Nachlasses von Alexander

a) Aktiva
1/2 Grundstücksanteil, Wert: 175.000 Euro

Konten, Wertpapiere etc: 100.000 Euro

Mobiliar und Hauseinrichtungsgegenstände: ohne besonderen Wert

b) Passiva
(genaue Bezeichnung) inkl. Beerdigungskosten: 8.000 Euro; die Nachlassverbindlichkeiten sind mit dem am Todestag vorhandenen Barvermögen und aus dem Eigenvermögen von Anne, David und Nina gedeckt worden.

Die Verteilungsmasse beträgt 275.000 Euro.

4. Erbquoten nach Helena

Von der Teilungsmasse von 175.000 Euro entfallen

auf Anne: 43.750 Euro,

auf Nina: 43.750 Euro,

auf David: 43.750 Euro,

auf Oliver: 21.875 Euro,

auf Veras Kinder: jeweils 5.468,75 Euro.

5. Erbquoten nach Alexander

Von der Teilungsmasse von 275.000 Euro entfallen

auf Anne: 91.666,67 Euro,

auf Nina: 91.666,67 Euro,

auf David: 91.666,67 Euro.

6. Teilungsplan

Die Beteiligten heben die Erbengemeinschaften nach Helena und Alexander auf und setzen sich jeweils in folgender Weise endgültig auseinander:

Nina erhält das oben beschriebene Grundstück allein. Die Vertragsbeteiligten verpflichten sich, auf Aufforderung durch Nina unverzüglich die hierfür erforderlichen Erklärungen vor einem Notar abzugeben. Besitz, Nutzungen und Lasten des Grundstücks gehen von heute an auf die Erwerberin über.

Nina hat hierfür folgende Gegenleistungen zu erbringen:

an Anne: 41.666,67 Euro

Die Erwerberin verpflichtet sich, Anne ein lebenslanges Wohnrecht an der von dieser derzeit bewohnten Wohnung (nähere Beschreibung), insbesondere auch an den von Anne mitzubenutzenden Anteilen an Terrasse, Balkon, Garten, Garagen etc., zu bestellen und dessen Eintragung ins Grundbuch zu veranlassen. Als pauschaler Ausgleich für das Wohnrecht wird ein Betrag von 40.000 Euro vereinbart, der mit der o. g. Gegenleistung zu verrechnen ist.

an David: 41.666,67 Euro

an Oliver: 21.875 Euro

an Veras Kinder: jeweils 5.468,75 Euro

Das Aktivvermögen von Alexander in Höhe von 100.000 Euro wird zu je gleichen Teilen (50.000 Euro) an Anne und David ausgezahlt.

7. Kostentragung, Steuern

Die Kosten der notariellen Vereinbarung hat Nina zu tragen. Den Beteiligten ist bewusst, dass sie für die Versteuerung ihrer Erbanteile – soweit noch nicht erfolgt – selbst Sorge zu tragen haben.

8. Generalabgeltungsklausel

Mit Erfüllung dieser Vereinbarung sind vorbehaltlich des Hinzutretens heute noch nicht bekannter Nachlassverbindlichkeiten sämtliche wechselseitigen Forderungen der Beteiligten aus den Erbgängen nach Helena und Alexander abgegolten.

(Unterschriften sämtlicher Beteiligter)

Es ist sicherlich sinnvoll, diesen Vertrag notariell oder im Vermittlungstermin des Nachlassgerichts (dazu gleich mehr) beurkunden zu lassen. Sowohl Anne als auch Nina sollten ein Interesse haben, dass alle Beteiligten die für die Umtragung des Eigentums an dem Grundstück und die Eintragung des Wohnrechts erforderlichen Erklärungen gleich formgültig zu

Protokoll geben, statt sich hierzu zunächst nur schuldrechtlich bereitzuerklären. Ferner können die anderen Beteiligten leichter ihre Forderungen gegen Nina durchsetzen, sollte diese nicht fristgemäß zahlen.

VERMITTLUNG DURCH DAS GERICHT

Jeder Erbe oder sein Pfandgläubiger kann ein Vermittlungsverfahren gemäß §§ 363 ff. FamFG vor dem Nachlassgericht beantragen. Eine besondere Form ist hierfür nicht vorgesehen. Im Antrag muss die Teilungsmasse bezeichnet sein, eine detaillierte Auflistung der einzelnen Nachlassgegenstände oder gar ein vollständiges Nachlassverzeichnis kann das Gericht indes nicht verlangen. Auch muss nicht gleich ein Teilungsvorschlag gemacht werden. Der Antrag ist nur dann zulässig, wenn keine Testamentsvollstreckung und keine Nachlassverwaltung angeordnet sind und auch noch kein Nachlassinsolvenzverfahren eingeleitet worden ist. Das Nachlassgericht hat in dem Verfahren eine reine Vermittlungsfunktion. Wenn die Beteiligten vor dem Vermittlungstermin bereits eine Auseinandersetzungsvereinbarung getroffen haben, muss das Nachlassgericht diese beurkunden. Andernfalls darf das Nachlassgericht einen Auseinandersetzungsplan vorschlagen.

Vorsicht

Wenn Sie zum Vermittlungstermin trotz ordnungsgemäßer Ladung nicht erscheinen, müssen Sie aufpassen: Haben sich die anderen Erben auf eine Auseinandersetzungsvereinbarung verständigt, wird Ihnen das Nachlassgericht den Inhalt bekanntgeben und Sie informieren, dass Sie die Vereinbarung auf der Geschäftsstelle einsehen oder eine Abschrift anfordern können. Auch wird es Sie darauf hinweisen, dass Ihr Einverständnis mit dem Inhalt der Urkunde als erteilt gilt, wenn Sie nicht innerhalb einer vom Nachlassgericht bestimmten Frist einen neuen Termin verlangen. Tun Sie dies, erscheinen in diesem neuen Termin aber ebenfalls nicht, ist die Auseinandersetzungsvereinbarung wirksam.

ERBTEILUNGSKLAGE

Die Erbteilungs- oder auch Auseinandersetzungsklage ist dann erforderlich, wenn Sie und Ihre Miterben sich hinsichtlich der Auseinandersetzung nicht einigen können und auch abzusehen ist, dass sich hieran auf absehbare Zeit nichts ändern wird. Bei der Erbteilungsklage muss der klagende Erbe einen bestimmten, als Ganzes annahmefähigen und inhaltlich den gesetzlichen Teilungsregeln (Teilung in Natur, Teilung durch Verkauf etc.) entsprechenden Teilungsplan vorlegen. Der Klageantrag muss auf Zustimmung zu diesem Plan, also auf Abschluss eines entsprechenden Auseinandersetzungsvertrages gerichtet sein. Das Gericht darf von diesem Klageantrag nicht abweichen, es kann jedoch auf eine sachdienliche Antragstellung hinwirken. Das Gericht hat selbst keine eigene Gestaltungsbefugnis. Es empfiehlt sich deshalb, neben dem Hauptantrag auf Zustimmung zum vorgelegten Teilungsplan mehrere Hilfsanträge mit den in Betracht kommenden Varianten zu stellen und darüber hinaus das Gericht zu bitten, Hinweise gemäß § 139 ZPO zu geben, wenn es den Antrag in bestimmten Punkten für problematisch hält. Hierauf lassen sich die Zivilrichter jedoch nur selten ein, sodass der Ablauf des Verfahrens für alle Beteiligten schwer vorherzusehen ist.

Feststellungsklage

Streiten Sie sich innerhalb der Erbengemeinschaft z. B. über die Wirksamkeit oder Auslegung einer letztwilligen Verfügung oder eines Ehevertrages, dessen güterrechtliche Regelung sich auf die Erbquoten einiger Erben auswirkt, sollten Sie die Chance nutzen, die strittigen Punkte im Wege einer Feststellungsklage zu klären.

Möglich ist dies allerdings nur bis zur Teilungsreife des Nachlasses. Danach ist die Erhebung einer Feststellungsklage nach der Rechtsprechung des Bundesgerichtshofs ausgeschlossen, weil auch gleich auf Auseinandersetzung des Nachlasses geklagt werden könnte.

Checkliste: Erbteilungsklage

- Stehen Teilungsverbote kraft Gesetzes, durch Vereinbarung der Erben oder durch letztwillige Anordnung des Erblassers entgegen?
- Ist der gesamte Nachlass im Teilungsplan erfasst? (Grundsätzlich keine Teilauseinandersetzung!)
- Sind sämtliche Nachlassverbindlichkeiten berichtigt bzw. Rückstellungen hierfür gebildet?
- Die Verteilung erfolgt entsprechend der Teilungsquote in Natur. Ist dies nicht möglich, muss vorher ein Pfandverkauf bzw. eine Teilungsversteigerung durchgeführt werden.
- Gibt es Teilungsanordnungen des Erblassers?
- Wurden ausgleichungspflichtige Vorempfänge berücksichtigt?
- Streitige Vorfragen sollten, soweit möglich und sinnvoll, durch Feststellungsklagen geklärt werden.
- Es empfiehlt sich, Hilfsanträge für alternative Teilungsmöglichkeiten zu stellen, um das Prozesskostenrisiko zu reduzieren.

WENN MINDERJÄHRIGE AN DER AUSEINANDERSETZUNG BETEILIGT SIND

Herr Müller hinterlässt seine Frau und drei Kinder. Ein Kind ist volljährig, zwei sind minderjährig. Ein Testament hat er nicht errichtet.

Es gilt die gesetzliche Erbfolge. Müllers Witwe und die drei Kinder bilden eine Erbengemeinschaft. Minderjährige Miterben können sich persönlich noch nicht an den Geschäften der Erbengemeinschaft beteiligen, da sie nicht oder nur beschränkt geschäftsfähig sind. Sie werden durch ihre Eltern bzw. den überlebenden Elternteil vertreten, hier Müllers Witwe. Da diese zugleich Miterbin und Vertreterin ihrer minderjährigen Kinder ist, muss sie im eigenen Namen Erklärungen für sich selbst und zugleich für die Kinder abgeben. Solche „Insichgeschäfte" sind gemäß § 181 BGB gesetzlich verboten, sodass Müllers Witwe womöglich von der Vertretung ausgeschlossen ist und ein sogenannter Ergänzungspfleger bestellt werden muss (§ 1909 BGB). Teilen Müllers Witwe und ihr volljähriges Kind den Nachlass allerdings schlicht nach den gesetzlichen Teilungsregeln unter sich und den minderjährigen Kindern auf, stellt sich das Problem nicht, denn dann erfüllt Frau Müller hinsichtlich des Nachlasses der Minderjährigen lediglich eine gesetzliche Verbindlichkeit. Das Verbot des Insichgeschäfts gilt dann nicht.

Anders wäre dies bei einem Erbauseinandersetzungsvertrag, selbst wenn er nur eine Teilauseinandersetzung betreffen sollte. Eltern dürfen wegen § 181 BGB nicht gleichzeitig für sich und ihre minderjährigen Kinder den Vertrag schließen. In diesem Fall muss für jedes Kind ein Ergänzungspfleger bestellt werden.

Gerichtliche Genehmigung

Wird ein minderjähriges Kind durch einen Pfleger vertreten, bedarf ein Auseinandersetzungsvertrag oder auch ein Abschichtungsvertrag der gerichtlichen Genehmigung. Gleiches gilt, wenn zum Nachlass beispielsweise ein Grundstück oder Erwerbsgeschäft gehört, bei dem auch die Eltern als gesetzliche Vertreter eine gerichtliche Genehmigung nach §§ 1643 Abs. 1, 1821, 1822 BGB benötigen, wenn sie eine Verpflichtung eingehen wollen. Schließlich ist eine gerichtliche Genehmigung erforderlich, wenn ein minderjähriger Erbe eine Erbteilungsklage erhebt. Ist der Minderjährige hingegen der Beklagte, ist eine Genehmigung nicht erforderlich.

06 ANHANG

Für die Vergütung des Testamentsvollstreckers gibt es keine bindende Rechtsgrundlage. Der Deutsche Notarverein gibt jedoch Empfehlungen, die im Folgenden kurz aufgeführt werden.

DIE VERGÜTUNG DES TESTAMENTS-VOLLSTRECKERS

Es gibt keine bindende Rechtsgrundlage für die Höhe der Vergütung, die ein Testamentsvollstrecker gemäß § 2221 BGB für seine Tätigkeit beanspruchen kann. In der Praxis wurden und werden hierfür verschiedene Tabellen entwickelt, die für die üblichen Tätigkeiten eines Testamentsvollstreckers einen Maßstab bieten sollen. In Rechtsprechung und Literatur am gebräuchlichsten war die Rheinische Tabelle des Deutschen Notarvereins von 1925, die ihre Richtsätze am Bruttonachlass orientiert. Sie wurde mittlerweile überarbeitet, da sich seit 1925 die Lebensverhältnisse und Lebenshaltungskosten offenkundig erheblich geändert haben. Das Ergebnis, die Neue Rheinische Tabelle, die wir Ihnen nachfolgend zur Verfügung stellen, wurde im Jahr 2000 veröffentlicht. Trotz einiger Kritikpunkte hat sich in der Praxis bislang kein anderes Tabellenwerk durchsetzen können.

Zwei Hinweise: Die Mehrwertsteuer ist in den Vergütungsbeträgen nicht enthalten (vgl. Ziffer IV der Tabelle). Und: Bei der Berechnung der Wertgebühr ist grundsätzlich vom Bruttowert, also dem Aktivvermögen des Nachlasses, auszugehen. Die Schuldentilgung ist Sache des Testamentsvollstreckers und darf die Vergütungsgrundlage daher nicht reduzieren.

Empfehlungen des Deutschen Notarvereins für die Vergütung des Testamentsvollstreckers (Fortentwicklung der „Rheinischen Tabelle")

Der Deutsche Notarverein schlägt vor, die Vergütung des Testamentsvollstreckers nach den folgenden Grundsätzen zu bemessen. Dabei werden neben einem fixen Vergütungsgrundbetrag variable Zuschläge für die einzelnen Tätigkeiten vorgesehen, damit die Vergütung der individuellen Arbeit und der Verantwortung des konkreten Falles angepasst werden kann, andererseits aber auch kalkulierbar bleibt.

I. Vergütungsgrundbetrag

Der Vergütungsgrundbetrag deckt die einfache Testamentsvollstreckung (normale Verhältnisse, glatte Abwicklung) ab, d. h. die Nachlassverwaltung bis zur Abwicklung der erbschaftssteuerlichen Fragen, einschließlich der Überleitung des Nachlasses auf einen Nachfolger als Testamentsvollstrecker oder der Freigabe des Nachlasses an die Erben. Die Bemessungsgrundlage für den Vergütungsgrundbetrag ist der am Todestag des Erblassers bestehende Bruttowert des Nachlasses. Verbindlichkeiten sind nur dann vom Bruttowert des Nachlasses abzuziehen, wenn der Testamentsvollstrecker nicht mit den Verbindlichkeiten befasst ist.

Höhe des Vergütungsgrundbetrages (vorbehaltlich einer zu gegebener Zeit vorzunehmenden Anpassung an die Preisentwicklung):

bis 250.000 Euro	4,0 %
bis 500.000 Euro	3,0 %
bis 2.500.000 Euro	2,5 %
bis 5.000.000 Euro	2,0 %
über 5.000.000 Euro	1,0 %

mindestens aber der höchste Betrag der Vorstufe. Beispiel: Bei einem Nachlass von 260.000 Euro beträgt der Grundbetrag nicht 7.800 Euro (= 3 % aus 260.000 Euro), sondern 10.000 Euro (= 4 % aus 250.000 Euro).

Bei Nacherbentestamentsvollstreckung oder bloß beaufsichtigender Testamentsvollstreckung erhält der Testamentsvollstrecker wegen der dann geringeren Belastung anstelle des vollen Grundbetrages 2/10 bis 5/10 des Grundbetrages.

Besteht die Aufgabe des Testamentsvollstreckers lediglich in der Erfüllung von Vermächtnissen, so erhält er nur den Vergütungsgrundbetrag, welcher sich nach dem Wert der Vermächtnisgegenstände bemisst.

Der Vergütungsgrundbetrag ist zur Hälfte nach Abschluss der Konstituierung und im Übrigen mit Abschluss der Erbschaftsteuerveranlagung bzw. Abschluss der Tätigkeit fällig.

II. Zuschläge zum Vergütungsgrundbetrag bei Abwicklungsvollstreckung

1. Die Entlastung des Testamentsvollstreckers durch die Hinzuziehung externer Sachverständiger (z. B. Rechtsanwälte, Steuerberater) ist bei Bemessung der Zuschläge angemessen zu berücksichtigen. Die Zuschläge sind, wenn nachfolgend nichts anderes vorgesehen ist, jeweils fällig, wenn die betreffende Tätigkeit beendet ist. Bei der Bemessung der Zuschläge ist mangels besonderer Anhaltspunkte vom Mittelwert der Spanne auszugehen.

a) Aufwendige Grundtätigkeit
Zuschlag von 2/10 bis 10/10 des Vergütungsgrundbetrages, wenn die Konstituierung des Nachlasses aufwendiger als im Normalfall ist, etwa durch besondere Maßnahmen zur Ermittlung, Sichtung und Inbesitznahme des Nachlasses, Erstellung eines Nachlassverzeichnisses, Bewertung des Nachlasses, Regelung von Nachlassverbindlichkeiten einschließlich inländischer Erbschaftsteuer. Normalfall: aus Bargeld, Wertpapierdepot oder Renditeimmobilie zusammengesetzter Nachlass, der z. B. durch bloßes Einholen von Kontoauszügen, Grundbucheinsichten und Sichtung von Mietverträgen konstituiert ist.

b) Auseinandersetzung
Zuschlag von 2/10 bis 10/10 des Vergütungsgrundbetrages, wenn der Nachlass auseinander zu setzen ist (Aufstellung ei-

nes Teilungsplans und dessen Vollzug) oder Vermächtnisse zu erfüllen sind. Der Zuschlag ist mit der zweiten Hälfte des Vergütungsgrundbetrages fällig.

c) Komplexe Nachlassverwaltung
Zuschlag von 2/10 bis 10/10 des Vergütungsgrundbetrages bei komplexem Nachlass, d. h. für aus der Zusammensetzung des Nachlasses resultierende Schwierigkeiten seiner Verwaltung, z. B. bei Auslandsvermögen, Gesellschaftsbeteiligung, Beteiligung an Erbengemeinschaft, im Bau befindlicher oder anderer Problemimmobilie, hohen oder verstreuten Schulden, Rechtsstreitigkeiten, Besonderheiten im Hinblick auf die Beteiligten (z. B. Minderjährige, Pflichtteilsberechtigte, Erben mit Wohnsitz im Ausland). Zusammen mit dem Zuschlag gemäß d) in der Regel nicht mehr als 15/10 des Vergütungsgrundbetrages. Der Zuschlag ist mit der zweiten Hälfte des Vergütungsgrundbetrages fällig.

d) Aufwendige oder schwierige Gestaltungsaufgaben
Zuschlag von 2/10 bis 10/10 des Vergütungsgrundbetrages für aufwendige oder schwierige Gestaltungsaufgaben im Vollzug der Testamentsvollstreckung, die über die bloße Abwicklung hinausgehen, z. B. Umstrukturierung, Umschuldung, Verwertung („Versilbern des Nachlasses“, Verkäufe). Zusammen mit dem Zuschlag gemäß c) in der Regel nicht mehr als 15/10 des Vergütungsgrundbetrages. Der Zuschlag ist mit der zweiten Hälfte des Vergütungsgrundbetrages fällig.

e) Steuerangelegenheiten
Zuschlag von 2/10 bis 10/10 des Vergütungsgrundbetrages für die Erledigung von Steuerangelegenheiten. Lit. a) umfasst nur die durch den Erbfall entstehenden inländischen Steuern (Erbschaftsteuer), nicht jedoch zuvor bereits entstandene oder danach entstehende Steuern oder ausländische Steuerangelegenheiten (z. B. nachträgliche Bereinigung von Steuerangelegenheiten, Einkommensteuererklärungen). Bezieht sich die

Steuerangelegenheit nur auf einzelne Nachlassgegenstände, ermittelt sich der Zuschlag nach deren Wert aus dem für den Gesamtnachlasswert einschlägigen Prozentsatz. Der Zuschlag ist bei Abschluss der Tätigkeit fällig.

2. Die Gesamtvergütung soll in der Regel insgesamt das Dreifache des Vergütungsgrundbetrages nicht überschreiten.

III. Dauertestamentsvollstreckung

Die Vergütung ist bei Dauervollstreckung zeitgleich in Teilbeträgen, die Dauer und Ausmaß der Tätigkeit entsprechen, fällig. Zusätzlich zu den Vergütungen nach I. und II. wird folgende Dauertestamentsvollstreckungsvergütung geschuldet:

1. Normalfall, d. h. Verwaltung über den Zeitpunkt der Erbschaftsteuerveranlagung hinaus: pro Jahr 1/3 bis 1/2 % des in diesem Jahr gegebenen Nachlassbruttowerts oder – wenn höher – 2 bis 4 % des jährlichen Nachlassbruttoertrags. Der Zusatzbetrag ist fällig nach Ablauf des üblichen Rechnungslegungszyklus, i. d. R. jährlich.

2. Testamentsvollstreckung über Geschäftsbetrieb/Unternehmen

a) Übernahme und Ausübung der Unternehmerstellung bei Personengesellschaften, ggf. im Wege der Vollrechtstreuhand (Eintragung des Testamentsvollstreckers im Handelsregister): 10 % des jährlichen Reingewinns.

b) Tätigkeit als Organ einer Kapitalgesellschaft, GmbH & Co KG, Stiftung & Co, bei Ermächtigungstreuhand oder Handeln als Bevollmächtigter der in ihre Rechte Eingesetzten: Branchenübliches Geschäftsführer- bzw. Vorstandsgehalt und branchenübliche Tantieme.

c) Lediglich beaufsichtigende Tätigkeit (Aufsichtsratvorsitz, Beiratsvorsitz, Beteiligung mit Zwerganteil und der Bestimmung, dass der Testamentsvollstrecker nicht überstimmt werden darf, Weisungsunterwerfung der in ihre Rechte eingesetzten Erben): Branchenübliche Vergütung eines Aufsichtsratsvorsitzenden bzw. Beiratsvorsitzenden.

Die Vergütung ist mit branchenüblicher Fälligkeit solcher Zahlungen auszuzahlen.

3. Berufsdienste (z. B. von Rechtsanwalt, Steuerberater, Wirtschaftsprüfer, Bank, Makler, Vermögensverwalter) werden gesondert vergütet.

4. Auslagenersatz: Auslagenersatz wie im Auftragsrecht

IV. Umsatzsteuer

Die Umsatzsteuer ist in den vorgenannten Beträgen nicht enthalten.

V. Mehrere Testamentsvollstrecker

1. Parallele Tätigkeit

a) Bei gemeinschaftlicher Testamentsvollstreckung (ohne oder mit gleichwertiger Aufgabenverteilung im Innenverhältnis) ist die Vergütung nach Köpfen aufzuteilen.

b) Bei gemeinsamer Verantwortung der Testamentsvollstrecker nach außen, aber nicht gleichwertiger Geschäftsverteilung im Innenverhältnis ist die Vergütung angemessen unter Berücksichtigung der Aufgabenbereiche aufzuteilen.

c) Bei vom Erblasser angeordneter gegenständlicher Verteilung der Aufgaben im Außenverhältnis ist die Vergütung entsprechend der jeweiligen Verantwortung des Testamentsvollstreckers aufzuteilen.

2. Bei sukzessiver Tätigkeit erhält der Nachfolger die Vergütung nur für die Tätigkeit, die nicht bereits der Vorgänger abgeschlossen hat. Beispiel: Ist die Erbschaftsteuerveranlagung bereits erfolgt, so erhält der Nachfolger keinen Vergütungsgrundbetrag.

STICHWORTVERZEICHNIS

IMPRESSUM

Herausgeber
Verbraucherzentrale Nordrhein-Westfalen e.V.
Mintropstraße 27, 40215 Düsseldorf
Telefon: 02 11/38 09 5 55
Telefax: 02 11/38 09-2 35
Internet: www.vz-nrw.de
E-Mail: ratgeber@vz-nrw.de

Autoren:	Rechtsanwalt Martin Wahlers und Rechtsanwalt Günter Dingeldein, Bickenbach
Herausgeber:	Dr. Frank Bräutigam
Koordination:	Kathrin Nick
Lektorat und Schaubilder:	Nicola Pridik, Berlin, www.npridik.de
Produktion:	bretzinger : media.production, Baden-Baden
Gestaltungskonzept:	Ute Lübbeke, Köln, www.LNT-design.de
Umschlaggestaltung:	Ute Lübbeke, Köln, www.LNT-design.de
Umschlagfoto:	plainpicture/wildcard
Druck/Bindung:	Kraft Druck GmbH, Ettlingen Gedruckt auf 100 Prozent Recyclingpapier

Redaktionsschluss: August 2013